国家级职业教育规划教材
全国技工院校市场营销专业教材（中级技能层级）
全国中等职业学校市场营销专业教材

（第二版）

MARKETING

消费心理及行为分析

杨毅玲　主编

中国劳动社会保障出版社

简介

本教材为国家级职业教育规划教材，主要内容包括：消费者心理分析、消费者购买行为分析、不同营销场景下的消费心理及行为分析、消费心理及行为与产品策略、消费心理及行为与价格策略、消费心理及行为与促销策略、消费心理及行为与销售服务等。教材依据中职学生认知特点编写，每个课题均用案例做引导，通过对案例的分析引出知识讲解，同时在知识讲解中穿插课堂训练，帮助学生灵活运用所学知识。

本教材由杨毅玲任主编，刘浩宇、张帆、张慧婕、罗晓彬、杜翠茹、陈婷婷参加编写。

图书在版编目（CIP）数据

消费心理及行为分析 / 杨毅玲主编. -- 2版. -- 北京：中国劳动社会保障出版社，2019

全国技工院校市场营销专业教材. 中级技能层级　全国中等职业学校市场营销专业教材

ISBN 978-7-5167-3971-6

Ⅰ.①消…　Ⅱ.①杨…　Ⅲ.①消费心理学－中等专业学校－教材②消费者行为论－中等专业学校－教材　Ⅳ.①F713.55

中国版本图书馆 CIP 数据核字（2019）第 069528 号

中国劳动社会保障出版社出版发行

（北京市惠新东街 1 号　邮政编码：100029）

*

北京市艺辉印刷有限公司印刷装订　新华书店经销

787 毫米 × 1092 毫米　16 开本　12.25 印张　192 千字

2019 年 4 月第 2 版　2021 年 1 月第 5 次印刷

定价：23.00 元

读者服务部电话：（010）64929211/84209101/64921644

营销中心电话：（010）64962347

出版社网址：http://www.class.com.cn

http://zyjy.class.com.cn

前言

全国中等职业技术学校市场营销专业教材自出版以来，在学校教学中发挥了重要作用。近年来，随着经济的发展，我国市场营销环境也发生了巨大的变化，这对市场营销从业人员的职业素养和知识、技能水平都提出了更高的要求。为适应这一变化，满足学校培养人才的需求，我们组织了一批骨干教师与行业、企业专家，在充分调研的基础上，对现有教材进行了修订。

本次教材修订工作的重点主要体现在以下几个方面：

第一，完善了教材体系。根据目前职业院校市场营销专业的教学实际，将《店铺陈列》《店铺促销》《连锁经营与管理》等教材整合为《店铺经营与管理》，增加了《市场调查》教材。调整后，整套教材体系更加科学、完善，也更便于教学。

第二，更新了教材内容。针对市场营销专业的现状和发展趋势以及企业的岗位需求，调整、补充和更新了相关教材的结构和内容，使教材更具时代感和前瞻性。增加了实践性教学内容的比重，在主要技能课教材中加入实训项目，并配以详细的操作指导，以引导学生运用所学知识分析和解决实际问题。

第三，改进了教材表现形式。针对学生的认知规律，在教材编写上尽可能多地以图表代替冗长的文字叙述，使教材更加生动，易于学习。同时，对上一版教材的栏目设置进行了整合、优化，使其脉络更加清晰，提高了教材的可读性和实用性。

第四，加强了教材配套资源建设。在修订教材的同时，修订了配套习题册和电子课件。电子课件及习题答案可通过职业教育教学资源和数字学习中心

（http://zyjy.class.com.cn）免费下载。在部分教材中使用了二维码技术，针对教材中的教学重点和难点制作了案例文本、演示视频等多媒体素材，学生使用移动终端扫描二维码即可在线观看相应内容。

本套教材的编写得到了有关学校的大力支持，教材编审人员做了大量的工作，在此我们表示衷心的感谢！同时，恳切希望广大读者对教材提出宝贵的意见和建议。

人力资源社会保障部教材办公室

目录

概述

学习目标

1. 了解消费、消费者、消费心理及消费行为的概念

2. 了解消费心理及行为的研究内容

3. 掌握消费心理及行为的研究方法

日本 7—ELEVEn 公司创始人铃木敏文认为，商界最需要的不是经济学，而是心理学。从心理学的角度看营销，其实质是满足消费者需要和为自己赢得利益的双赢过程。消费者愿意采取购买行动的主要理由是他们对产品和服务的需要。随着市场营销观念的发展，销售人员已经认识到，自己能否有效满足消费者需要将直接影响自身利润。分析消费者心理、购买动机和行为，据此进行营销策划，已经成为销售人员的必备技能。

一、消费心理及行为的相关概念

1. 消费

消费包括生产消费和生活消费，本书所提到的消费都是指生活消费。生活消费是人类以产品和服务来满足自己物质和精神需求的活动。

2. 消费者

消费者是指购买产品或服务的个人与组织。消费者这个概念对于我们每一个人来说，既熟悉又陌生。熟悉的是，我们都是消费者，几乎每天都在消费；陌生的是，消费者具有复杂的心理及行为，其消费关注点不尽相同。

3. 消费心理

心理一般是指人的思想、感情等内心活动。消费心理特指人作为消费者在消费过程中的内心活动。

4. 消费行为

行为一般是指“所作所为”。消费行为是指消费者在一定消费心理的支配下所产生的所作所为。

二、消费心理及行为的研究内容

分析影响消费者消费心理及行为的各种因素，研究各种消费心理及行为，揭示消费行为的规律，可以为营销策划提供心理学上的依据。

1. 研究消费者的购买理由

行为的出发点和原动力是需求。需求产生动机，动机指导行动。研究消费者的购买理由就是分析消费者的需求与动机。例如，一个人工作到中午 12 点时感觉到肚子饿了，就会产生对食物的需求，进而产生购买食物的动机。此时他对食物的需求还是停留在“所思所想”阶段。但如果任务十分紧急，他不能在完成之前离开办公室前往餐厅就餐，那么这个人就无法产生消费行动。任务完成后，他可能立刻前往餐厅就餐，此时此刻才完成从需求到动机再到行动的过程。

2. 研究消费者怎样购买

研究消费者怎样购买就是分析消费者的购买决策过程，主要包括问题确认、信息收集、购买决策、购后反馈等方面。销售人员如果能了解消费者的购买决策过程及其影响因素，就可以通过影响这些因素来影响消费者的购买行为，从而提高经营业绩。例如，消费者要购买低值易耗品如牙膏、食品时，往往会凭经验或促销信息购买；在购买大宗耐用消费品如冰箱、洗衣机时，则会谨慎小心，货比三家。

3. 研究影响消费者购买行为的各种因素

研究影响消费者购买行为的各种因素就是分析消费者的个人因素、环境因素和营销因素，包括消费者的个性、文化、消费观念、认知水平、家庭结构以及产品的命名、价格、促销等营销组合因素。有一个故事把受不同消费观念影响会产生不同消费行为的现象描述得很生动：两位老太太相遇，聊起各自最高兴的事。一位老太太说："我攒了一辈子的钱，终于在昨天住上了新房子。"另一位老太太说："我住了一辈子的房子，终于在昨天把贷款还清了。"

三、消费心理及行为的研究方法

研究消费者的消费心理及行为，应当实事求是，即全面、客观地讨论问题。

1. 观察分析法

观察分析法是指对人们的行为作直接的观察，是一种最基本的研究方法。在日常消费活动中，销售人员依靠眼观耳听的方式，有目的、有计划地观察消费者的言语、行动和表情等行为，从而分析、研究消费者行为规律和特点。

由于观察分析法中的被观察者是在没有外来影响、没有干扰的情况下被观察的，在这种情况下，其被观察到的行为是心理的自然流露。所以，采用这种方法得到的材料往往最真实。

2. 实验分析法

实验分析法是一种有严格控制的研究方法，是有目的、有方向、严格控制或创造一定的条件，来引起某种心理行为的出现或变化的研究方法，可分为实验室实验法和现场实验法。实验室实验法强调在实验室里借助各种仪器进行研究，或者在实验室模拟自然环境条件进行研究；现场实验法强调在实际消费环境中，有目的地创造某些条件，对被研究者的心理活动和行为加以诱导的研究方法。

3. 调查分析法

调查分析法是指在消费活动中，采用各种手段获取有关资料，通过整理分析，间接地了解各类消费者消费行为的方法。调查时应针对不同的被调查对象，采用不同的调查方式。

（1）面谈法

面谈法是指调查人员与消费者直接见面，请消费者回答调查人员询问的调查方法。面谈既可以采取单独交谈，也可以采用座谈会的形式，交谈时可以自由漫谈，也可以按次序回答问题。

（2）问卷法

问卷法是指根据需调查分析的内容，事先设计好调查问卷，请消费者填写，最后将问卷答案进行整理、分类、分析研究的调查方法。问卷法可以采用自由式和封闭式两种问答方式。

课堂训练

面谈法和问卷法各有哪些优缺点？请小组讨论并把结果填写下来。

4. 案例分析法

案例分析法又称个案研究法，是指把消费者在实际生活中出现的问题作为案例，通过对个案的研究来分析消费者消费行为特点和规律的方法。

5. 自我体验法

自我体验法是指研究者通过对自己的消费心理及行为的分析，来研究消费者心理活动和购买行为的研究方法。

虽然不同消费者的消费心理及行为有所区别，但消费者的特征依然存在许多相似之处。研究者通过对自己消费心理及行为的剖析，可以了解消费者的一般购买过程和行为原因，同时也比一般的外部研究更为深刻。

课堂训练

请用自我体验法，分析消费者在选购服装时的消费心理及行为。

思考与练习

一、知识归纳

请你根据所学，归纳研究方法各自的优缺点以及适用情况，将归纳后的内容填入表 0—1 中。

表 0—1 研究方法对比表

研究方法	优缺点	适用情况
观察分析法		
实验分析法		
调查分析法		
案例分析法		
自我体验法		

二、案例分析

×× 火锅店是广州市知名的连锁火锅店。为了实行成本控制和配菜的推陈出新，产品经理除了进行一系列的调查外，还要求店里的员工用心留意和及时关注消费者常点的配菜和收拾餐桌时消费者留下的配菜情况。经过长达一个多月的观察，火锅店发现在配菜中消费者最少点的分别是干菜类的魔芋和木耳、蔬菜类的莲藕和黄豆芽以及肉类的猪肉丸子和蹄筋；而消费者离去时留下未吃完的配菜中以主食的粉条和蔬菜类的菠菜最多。根据多方面的调查、分析和总结，××火锅店进一步完善了配菜产品的管理和创新。

请阅读本案例，并回答下列问题：

1. 案例中的火锅店采用了哪种消费心理及行为的研究方法?

2. 如果你是产品经理，会如何根据案例所述结果进行产品的推陈出新?

三、拓展训练

请在教师的指导下，利用课余时间分组调查，并根据调查结果填写表 0—2。

表 0—2 调查表

产品名称	为什么购买	怎样购买	主要影响因素
手机			
计算机			
化妆品			
运动鞋			

模块一　消费者心理分析

学习目标

1. 了解兴趣、气质、性格等概念
2. 能根据消费者表现分析消费者个性
3. 能分析消费者需要的可诱导性
4. 能通过营销策略实现对消费者心理活动的诱导

课题 1　识别消费者个性

案例导入：

华海所在的计算机卖场为了改善服务态度，提高服务质量，向消费者发出意见征询函，调查内容是：如果您去商店退换产品，销售人员不予退换您将怎么办？要求被调查者写出自己遇到这种事是怎么做的。其中有这样几种答案：

（1）自认倒霉。损失不大，算了。

（2）耐心诉说。尽自己最大努力慢慢解释要求退换产品的原因，直到解决问题。

（3）灵活变通。找好说话的其他销售人员申诉，或找值班经理求情。

（4）据理力争。一定要与销售人员争到底。不行就向媒体曝光，再不解决问题就向工商局、消费者协会投诉。

请思考并回答以下问题：

1. 为什么不同的消费者会有不同的答案？

2. 上述 4 种答案各反映出消费者的哪些气质特征？

心理学中把个体经常地、稳定地表现出来的心理特点的总和称为个性。个性主要包括气质、性格、兴趣等。了解消费者的个性，不仅有助于解释他们目前的购买行为，还有助于预测他们未来的消费趋向。

课堂训练

能说说你的个性是怎样的吗？

一、消费者的气质

1. 气质的概念

一说起“气质”这个词，人们会联想到“修养”“风度”等，实际上，心理学讲的“气质”就是指人的“脾气”或“性情”。

现代心理学把气质定义为：气质是表现在人们心理活动和行为方面的典型的、稳定的动力特征。气质的外部表现是区别个体之间不同个性的标志之一，如有些人活泼、好动、反应迅速，有些人安静、稳重、反应迟缓等。

2. 消费者的气质类型

消费者的气质类型与购买行为特点及相应的营销策略见表1—1。

表1—1 消费者的气质类型与购买行为特点及相应的营销策略

消费者的气质类型	行为特征	购买行为特点	营销策略
胆汁质型	急躁型。反应迅速，精力旺盛，性情急躁易冲动，情绪变化剧烈	消费者心直口快，言谈举止匆忙。易冲动，忍耐性差，对销售人员的要求高，容易发生矛盾	动作要快，应答要及时，介绍产品要简洁。态度和善，语言友好
多血质型	活泼型。情绪丰富，活泼好动，反应敏捷，善于交际，适应性强。灵活，但注意力易分散。能很快适应迅速变化的外界环境	消费者活泼热情，喜欢与人沟通交流，改变主意快，易受环境和他人影响	注意与他们交谈联络感情，主动介绍产品，缩短购买过程
黏液质型	安静型。稳重，反应缓慢，遇事谨慎，注意力稳定不易转移，不易受外界影响	消费者内向，挑选产品比较认真、冷静、慎重，不易受他人影响，喜欢独立挑选	接待时避免太多的提示和过于热情，要有耐心，给予消费者认真思考和挑选产品的时间

续表

消费者的气质类型	行为特征	购买行为特点	营销策略
抑郁质型	消极型。行动迟缓，观察事物细致，多愁善感	消费者挑选产品小心谨慎、一丝不苟、优柔寡断，对他人介绍将信将疑、态度敏感	态度要友善并有耐心，适当介绍产品或给予服务，理解消费者反反复复的行为，消除消费者疑虑

课堂训练

小张、小李、小王和小谢同属某家公司的员工，四人为了参加年终晚会相约去商场选购礼服。

小王是最快选好衣服的，一眼就相中了一套黑色礼服并立刻就决定买下来。

同行的小张和小李也陆续买到了心仪的裙子，只有小谢试了一条又一条裙子还是觉得不合适。就在她试穿裙子的时候，小王为了让她赶紧买好，指着一条紫色裙子连忙说道："就这条吧，你已经看了很久了。"这时，小张认真地端详此裙子，说道："是不错，这个颜色刚好衬小谢的肤色。"接着，小张把小谢刚刚试过的裙子一一耐心地给她分析和对比，最终她觉得，这款紫色的裙子最适合小谢。

小谢对小张细心的点评很满意，自己也被说动了，于是决定买下这条裙子。就在她准备付款的时候，发现小李已经跟店里的老板娘聊熟了，老板娘与小李交谈甚欢，一开心就给她们打了八折的优惠。

阅读上面的案例，判断小张、小李、小王和小谢各属于哪种气质类型，并说出这些气质的特点。

消费者的气质特点不会一下就鲜明地反映出来，只能在消费者一系列的购买行为中逐步显露出来。在营销活动中，尽管也偶尔碰到四种气质类型的典型代表，但纯属某种气质类型的人不多，更多的人则是以某种气质为主，兼有其他气质的混合气质类型。在实际工作中，销售人员需结合所学理论，学会根据消费者在购买过程中的行为表现，去发现和识别其气质方面的特点，进而引导和利用其积极方面，控制其消极方面，使工作更有预见性、针对性和有效性。

二、消费者的性格

性格是个人在对现实的态度和行为方式中表现出来的稳定的个性心理特征。性格是人的个性中最重要、最显著的心理特征，它在人的个性中起核心作用，是一个人区别于他人的主要心理标志。

人的性格是受一定思想、意识、信仰、价值观影响和制约的。由于具体的生活道路不同，每一个人的性格会存在不同的特征。

常见的性格分类有如下两大类：

1. 依据智力、情绪和意志这三种心理机能在个人身上占优势的比例，可以将性格划分为理智型、情绪型和意志型。理智型的人常以理性支配自己的行为，做事能三思而后行，很少受情绪影响；情绪型的人不善于思考，行为易受情绪左右，常感情用事；意志型的人行动目标明确，富有主动性和自制力，行为不易受外界因素干扰。在现实生活中，少数人是这三种典型类型的代表，大多数人属于混合类型。

2. 依据个人心理活动倾向于内心世界还是倾向于外部世界，可以将性格划分为外倾型和内倾型。外倾型的人活泼开朗，情感外露，热情大方，不拘小节，善于交际，领导能力强，易适应环境的变化，不介意别人的评价，有时易轻率、散漫、感情用事；内倾型的人深沉稳重，办事谨慎，三思而后行，不善于交往，反应缓慢，较难适应环境的变化，很注重别人的评价，有时显得拘谨、冷漠和孤僻。多数人的性格介于外倾型和内倾型之间。

不同的心理学家从不同角度进行观察，产生了不同的性格分类，这也正说明人的性格的多面性和复杂性。

消费者千差万别的性格特点，往往表现在他们对消费活动的态度和习惯化的购买行为方式上，并表现在个体活动的独立性程度上，从而构成千姿百态的消费性格。

课堂训练

在挑选空调的时候，小美驻足在海尔、格力和海信这三个品牌之间犹豫不决，导购员走过来热情地说道："买海信吧，现在海信电器全场打八折。"可是小美却依然没有立即决定，而是打了好几个电话，征询了亲朋好友的意见后，才最终决定购买一款格力品牌的空调。

请同学们分析：

1. 这位消费者属于__________性格类型的人。导购员之所以推销失败，原因在于____________________________________。从语言判断，导购员的性格特点是____。

2. 如果你是导购员，你该如何接待？

三、消费者的兴趣

兴趣是一个人力求接触和认识某种事物的一种意识倾向，消费者兴趣是指人们需要某一种产品的情绪倾向。兴趣是在人们需要的基础上产生和发展的，在消费过程中，当消费者对某一产品或劳务有需要时，会对该产品或劳务感兴趣，这种兴趣便成为消费者购买活动的动力因素之一。

常见的消费者兴趣类型如下：

1. 偏好型：只喜欢某些产品或某个品牌的产品，形成癖好。

2. 广泛型：兴趣广泛，容易受到各种产品广告、宣传、推销方式的吸引或社会环境的影响。

3. 固定型：兴趣持久，往往是某些产品的长期消费者。他们的购买具有经常性和稳定性的特点，与偏好型的区别在于尚未达到形成癖好的地步。

4. 随意型：没有对某种产品的特殊偏爱或固定习惯，也不会成为某种产品长期的忠实消费者。

课堂训练

请通过自己购买服装的习惯分析自己的兴趣类型，说一说兴趣对你购买过程的具体影响。请通过对你同桌兴趣类型的判断，分析其购买习惯，并与其交流以评估自己分析、判断消费者兴趣的能力。

课题 2　剖析消费者心理

案例导入：

华海很喜欢去 Y 品牌专卖店购买服装，除了品种繁多的时尚服装类型、自由畅快的购物体验，他还跟其他消费者一样被 Y 品牌专卖店色彩缤纷的店面装潢所吸引。美国的一项关于流行色彩的研究调查表明，许多消费者在购物的时候存在着一个“七秒钟”定律，消费者只需要七秒钟就能决定是否对产品感兴趣，而在这短短的七秒钟内，色彩的作用占到了 67%。因此，Y 品牌专卖店在店铺的装潢里用到了夸张的陈列道具和抢眼的色彩设计，如五彩纷呈的创意 T 恤墙，就是充分利用了消费者感觉中的视觉效应，以强烈的色彩碰撞，快速吸引消费者的眼球，从而刺激消费者的购买欲望。

请思考并回答以下问题：

1. 你是否跟华海一样喜欢色彩缤纷的店面装潢，Y 品牌专卖店的视觉营销给你什么启示？

2. “七秒钟”定律的视觉效应里除了色彩占比最大外，还有哪些因素也占据一定的比例？

3. 你觉得人的感觉中，还有哪些感觉也可以运用到店面的设计中？

一、消费者对产品的认知过程

消费者的购买行为是建立在感觉、知觉、记忆、思维和想象等心理活动的基础上，受个体的情绪、情感、态度和意志等影响的，这是所有人共有的心理现象。研究消费者心理活动，在营销活动中利用它的规律性，有针对性地采取促销策略，将有效推动消费者的购买行为。

1. 感觉

人们经常使用感觉一词，如“我感觉那件衣服好看”“我感觉那件物品不应该那么贵”之类的表述。感觉就是人脑对直接作用于感觉器官（眼、耳、鼻、舌、身）的客观事物的个别特性的反映。感觉是最简单的心理过程，是形成各种复杂心理过程的基础。感觉具有感受性、适应性和关联性等特点。

（1）感受性

感受性是感觉器官对于外界刺激强度及其变化的感觉能力。同一个事物作用于不同的人会产生不同的感受，如一阵风吹来，有人觉得冷，有人却觉得舒服。

（2）适应性

适应性是一种普遍的感觉特性，它既可以引起感受性的提高，也可以引起感受性的降低。一般来说，强烈刺激的持续作用，会引起感受性的下降。在产品销售活动中，依赖增强某种刺激去激发消费者购买欲望的做法是欠妥的，因为这种刺激会引起消费者的感受性降低。要使消费者保持较强的感受性，企业可以通过调整刺激物的作用时间或经常变换刺激物的表现形式来达到目的。

（3）关联性

关联性是指某种器官的感受性因其他器官同时受到的刺激而产生变化的感觉特性。例如，人的听觉在黑暗中会得到加强，在光亮中会减弱。另外，关联性还表现为不同感觉的关联现象。例如，眼睛看到蓝色，就产生凉爽的感觉，见到红色就产生温暖的感觉。关联性在产品销售活动中，经常应用于产品设计、店面装潢和产品陈列方面，如深色包装物给人厚重的感觉，浅色包装物给人轻灵的印象等。

2. 知觉

知觉是人脑对直接作用于感觉器官的客观事物的整体反映。知觉是在感觉的基础上，人脑对外来信息进行整体加工而形成的。知觉具有选择性、整体性、理解性和恒常性等特点。

（1）选择性

知觉的选择性在于把一些对象（或对象的一些特性、标志、性质）优先区分出来。客观事物是多种多样的，人总是有选择地以少数事物作为知觉的对象，对它们的知觉格外清晰，被知觉的对象好像从其他事物中突出出来，出现在"前面"，而其他的事物就退到后面去了。

（2）整体性

当客观事物的个别属性作用于人的感觉器官时，人能够根据知识、经验把它综合为一个整体，这就是知觉的整体性。消费者在购买行为中，总是把产品质量、价格、款式或商标、包装等个别属性综合在一起，形成对产品的整体印象。

（3）理解性

人们在感知客观事物时，总是运用过去所获得的知识和经验去解释它们，这就是知觉的理解性。人的知识和经验越丰富，对事物感知就越完整、越深刻。在知觉信息不足或复杂情况下，知觉的理解性需要语言的提示和思维的帮助。例如，一块像动物的石头，一开始不会看出来，一经别人提醒，就会越看越像。

（4）恒常性

当事物的基本属性和主要特征不变，只是在一定范围内改变某些客观条件时，知觉的印象仍能保持相对不变，这就是知觉的恒常性。这个特性有助于人们全面、真实、稳定地反映客观世界，更好地适应环境。表现在购买行为上，就是消费者在复杂多变的市场环境中，能够避免外部因素的干扰，根据以前购买产品后的使用经验来辨别当前的产品。

课堂训练

图 1—1 和图 1—2 各包含几个图像？谈谈你对知觉选择性的理解，在商业活动中你将怎样运用知觉的选择性。

图 1—1

图 1—2

错觉也是人的知觉中的一种，是指在特定条件下产生的对外界事物不正确的知觉。产生错觉的原因很复杂，既有客观因素，也有主观因素。在产品促销中，可充分利用错觉现象制定产品销售策略。企业在店堂装修、橱窗设计、广告图案、店面装潢和产品陈列等方面，适当地利用消费者的错觉，进行巧妙的艺术处理，往往能产生一定的心理效应，刺激消费者购买。例如，有商家请 30 多位被试者喝咖啡，每人都喝 4 杯，各杯浓度一样，只是 4 个杯子的颜色不同，分别为咖啡色、青色、黄色和红色。喝完咖啡后，要求被试者对咖啡的浓淡作出各自的评判，结果有 2/3 的被试者都说红色、咖啡色杯子中的咖啡太浓，青色杯子中的咖啡太淡，只有黄色杯子中的咖啡浓度适中。据此，商家便把咖啡店里的全部杯子都改用黄色，以便更好地发挥颜色视觉的作用，使大多数消费者感到满意。

课堂训练

观察图 1—3 中的（1）～（5），谈谈你对错觉的理解，并设计两个利用错觉促进销售的计策。

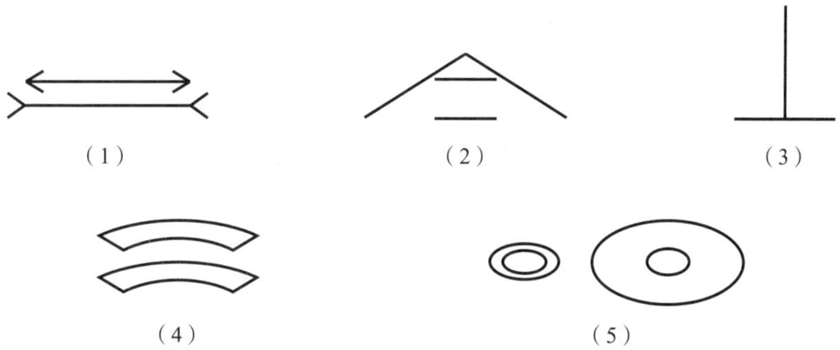

图 1—3

销售小贴士

影响消费者感觉和知觉的具体因素

在日常生活和市场行为中，影响人们感觉和知觉的条件和因素有很多，主要有以下几种。

1. 刺激量的大小和持续时间长短不同，引起的感知效果不同

一般来说，大的刺激比小的刺激、持续时间长的刺激比持续时间短的刺激更容易引起人们的感知。例如，产品广告总是尽可能刊登大幅和醒目的文字、图片引起广大消费者的注意；电视广告常常在一段时间内多次播放，也是为了引起观众的充分感知。

2. 位置的摆放会影响消费者的知觉和注意

例如，人们在购物时，对目光轻易所见的物体或产品就很容易感受到，而对位置过高或过低的物品就不太注意。因此，商店总是把希望消费者大量或经常购买的产品放在最醒目的位置上，以引起消费者的充分感知和注意。

3. 声音的选择对消费者感知有很大影响

一般来说，洪亮的声音比细微的声音更容易引起人的注意。例如，电视节目在播放产品广告时，常常放大音量或选择节奏感强的音乐以及观众熟悉的乐曲来引起消费者的注意；有的商店在店内播放流行歌曲，以此招徕消费者。

4. 动态刺激比静态刺激对消费者感知的影响更大

生动、活泼、富于变化的内容，给人留下的判断、回味和想象比较丰富，因此，越来越多的商店运用色彩斑斓、反复变化的霓虹灯来代替原先呆板的静态霓虹灯，或者用汽车等交通工具作为广告载体进行广告宣传，或者通过模特现场表演来介绍产品，一般能收到较好的感知效果。

3. 记忆

凡是过去感知过的事物、思考过的问题、体验过的情感、进行过的行为或活动等，都能以经验的形式在头脑中留下痕迹而保存下来，并在一定条件下被重新“激活”，在头脑中重现，这就是记忆的过程。由于有了记忆的心理活动，人们在以后行为时，就可以用记忆中的经验作为参考依据。消费者的记忆与消费者收集产品信息、认识产品特征和购物场所，以及进行购买决策等活动的关系十分密切。

记忆是人的大脑对过去经历过的事物的反映，是人脑的一种机能。记忆的心理过程包括识记、保持、回忆和再认识。

识记：识别和记住事物而积累知识经验的过程。

保持：巩固已经获得的知识经验的过程。

回忆：过去经历过的事物在头脑中重新呈现的过程。

再认识：过去经历过的事物再次出现时能够辨认出来。

记忆对消费者行为的影响是多方面的，主要表现如下：

（1）记忆影响购买决策

消费者在进行购买决策时，有相当一部分信息是从其记忆中搜索获得的。如果能够使那些看起来并没有什么联系的东西，诸如产品的品名、商标、广告词等变得言简意赅、形象生动，就能在一定程度上帮助消费者识记，增强其记忆效果，促进购买决策的实现。

（2）适度重复会加深消费者对产品的印象

实践证明，进入短时记忆中的信息只有经过适当的不断重复才能保持，才能使其中部分信息转入长时记忆。在营销活动中，适度重复产品宣传会加深消费者对产品的识记和印象。为了取得最佳的保持效果，在对某种产品信息重复宣传时，应注意在空间和时间上要有一定的距离。同时，还应采取多种宣传媒体或表现形式，从新的角度使旧的内容再现，诉诸新的刺激，这样，才能让消费者乐意接受，并加深其理解和记忆。

（3）强化记忆可以促使消费者“认店购买”“认牌购货”

强化记忆能够使消费者在强化因素的作用下，对购物商店的店名、店号、店面和装饰风格，对购买产品的品名、商标、包装或其他记号建立起条件联系，有利于保持记忆，促使消费者“认店购买”或“认牌购货”。

课堂训练

姗姗读大学的时候，经常会光顾校门口一家叫作“和意坊”的面包店。有一次她早上去这家店买面包的时候，问了店里的一个年轻店员一款面包的生产日期是否准确，没想到这位年轻店员说了句：“你不信可以不买啊！”姗姗感到莫名其妙，火气也上来了，便厉声问道：“有你这么对待消费者的吗？叫你们经理出来！”然而，店员不慌不忙地表示今天店长不在，姗姗气到不行，心里暗暗发誓再也不会光顾这家店。

请思考并回答以下问题：

1. 你有过类似的消费经历吗？你有什么感想？

2. 毕业多年了，姗姗为何还记得那家店，还记得当时那次不愉快的购买事件？

3. 从记忆角度谈谈如何让消费者记住某家店或某个品牌。

二、消费者的情感活动过程

当今时代，消费者的消费行为日益表现出个性化、情感化的特点，消费者已经把注意力从产品功能、质量方面转移到了使用产品的感觉上。

消费者是有感情的，他们不光要消费产品，还希望被关心、被尊重。因此，企业不光要爱你的产品，更要爱你的消费者，还要爱你消费者的所爱，这样才能真正理解自己的产品在消费者心中的形象，清楚消费者为什么喜欢自己的产品，或者为什么不喜欢自己的产品。

课堂训练

时下，越来越多的中国人喜欢过圣诞节。不满六岁的豆豆在圣诞节到来之前，就跟父母透露想收到圣诞老人的礼物，并早早地将一个大袜子挂在了自家的一棵盆栽上，每天期待着圣诞礼物的到来。

豆豆的父母见她如此渴望，便想着在网上给她买一份特别的圣诞礼物。不搜不知道，原来网上关于"圣诞节"这个节日的礼物如此之多。不得不让人感慨，这节日消费的影响力还真是不可小觑啊！

请思考并回答以下问题：

1. 节日消费属于哪类消费？为什么？

2. 你有没有在"三八妇女节""母亲节""父亲节"等节日为亲人购买礼物的习惯？

3. 调查你身边5位同学，他们家庭的礼品消费占年消费支出的比例有多大？他们家人是否更愿意在节日、生日或特殊纪念日购物？

消费者的情感过程具体表现为情绪和情感两种形式。消费者的购买活动是充满情感体验的活动过程。

1. 情绪和情感的含义

情绪一般是指短时间内与生理需要相联系的一种体验，如喜欢、气愤、忧愁等情绪形式。情感是长时间内与社会性需要相联系的一种稳定的体验，如道德感、理智感、美感等。

人的情绪本身包含了两极性，即愉快与不愉快、喜欢与不喜欢等。愉快的情绪，对产品所持有的喜欢的体验，会对消费行为产生积极的作用，推动消费行为进行的速度，还会增加消费者的勇气，克服购买行为中可能出现的各种困难。而不愉快的情绪，不喜欢的情绪体验，会对消费行为产生消极的作用。如果产品、购物场所或者销售人员的话让消费者不愉快，他们会尽量回避该产品或购物场所。

营销活动要尽量创造出优美的购物环境，以优良的服务质量和热情的态度来接待每一位消费者，不仅要让消费者“乘兴而来，高兴而归”，还要在消费者心目中树立良好的企业形象，使消费者能够长久地对产品抱有良好的情感。

2. 影响消费者情绪和情感的因素

影响消费者情绪和情感的因素是多方面的。在购买活动中，消费者情绪、情感的产生和变化主要受以下几方面因素的影响。

（1）购买环境

购买环境如果宽敞明亮、美观雅致、管理有序、温度宜人，消费者会感觉愉快、舒畅，产生美好的情感体验，在整个产品选购过程都会处于一种良好的情绪之中。

（2）产品

如果产品的功能效用、外形设计、包装装潢、价格、品牌信誉、销售服务、质量保证体系等符合消费者的需要，能激发消费者的兴趣和想象，消费者就会对产品产生好感，就会产生积极的情感体验，促进购买行为的发生。

（3）销售人员素质

销售人员的专业知识、营销策略和耐心、热情的接待服务都会提高和增强消费者的购买信心，或者会改变消费者的购买态度，从原有的犹豫不决转而决定购买。反之，如果销售人员态度冷淡、语言粗俗，就会使消费者感到厌烦和焦虑，导致消费者放弃购买。

（4）消费者心理准备

消费者的需求水平越高、购买动机越强烈，其购买目标就越明确，购买兴趣就越浓厚，其兴奋程度也越高，购买动机转化为购买行为的可能性也就越大。所以，为了使消费者在购物前就有一定的心理准备，企业大多在推广新产品之前做大量的广告，等到新产品上市后，消费者的情感已经被调动起来了。

课堂训练

经营了好几年的芊芊精品店，一直是A市某商业街的老牌精品店，过去许许多多的女孩儿曾在这里驻足，挑选喜爱的产品。可是近段时间，芊芊精品店的老板发现生意日渐不佳，原来在商业街东边开了家与自己经营产品类似的精品店，叫卓然精品店，生意非常好。多番打听才知道，女孩儿们之所以喜欢去卓然精品店买东西，是因为那里的老板娘手艺特别好，买指甲油会免费给她们涂指甲，买化妆品会免费教她们化妆，甚至女孩儿们不太放心的护肤品，老板娘都贴心地免费提供了试用小样，让她们感受到前所未有的周到服务。相反，芊芊精品店这么多年来总是循规蹈矩地售卖产品，最后却没有换来消费者的欢心。

请分析为什么女孩儿们更愿意去卓然精品店消费。

3. 针对消费者情绪、情感消费的心理策略

感性消费是基于消费者个人的情绪、情感体验而产生的消费行为，它以个人的喜好作为购买决策标准，以个人心理满足、精神愉悦为主要消费目标。

（1）抓住消费者的情感需要

情感诉求要从消费者的心理需要出发，紧紧围绕消费者的情感需要进行诉求，才能产生巨大的感染力和影响力。在情感广告中，广告刺激必须以消费者的需要为中介才能发挥作用。情感诉求正是诉求产品能够满足消费者的某种需要，以达到使消费者产生共鸣的目的。

（2）增加产品的心理附加值

人类的需要是复杂的，既有物质性需要，也有精神性需要，且这两类需要常处于交融状态。一方面，物质需要的满足可以带来精神上的愉悦；另一方面，精神上的满足又可以强化物质需要的满足，甚至会代替物质需要的满足。在产品质量过硬的基础上，经过适当的广告宣传，给产品赋予一种心理附加值，使该产品成为某种意义或形象的象征，使得购买这类产品可以获得物质和精神双重的满足，这对于有条件购买该产品的消费者会产生极大的吸引力。

（3）利用暗示，倡导流行

消费者的购买动机是多种多样的，有时购买者并不一定是使用者，其购买产品是用来馈赠亲友的，如果某产品正好符合这种需求，他们就会主动去购买，而较少考虑产品的质量、功效等具体属性。当企业通过广告传播把购买这种产品变为一种时尚或风气后，消费者就会被这种时尚或风气所牵引，去购买这种产品。很多消费者还会由于他人一句不经意的话或一个不起眼的刺激就完成情绪性购买。

课堂训练

信义房屋是一家有着三十多年历史的房地产中介公司。多年来，信义房屋一直秉承着“信”和“义”的企业宗旨经营公司，受到了广大民众的信赖和喜爱。信义房屋的广告也紧贴公司“以人为本”的信义精神，推出了“成家篇”“小孩篇”等一系列讲述平凡小人物的真实故事，尤其是那句“信义房屋，信任，带来新幸福！”的广告语，使人萌生相信爱的感觉，并向消费者传递着一股正能量，大大地提升了品牌的形象。

请思考并回答以下问题：

1. 信义房屋的广告语为什么能打动人心？

2. 请你为信义房屋再设计一句广告语。

三、消费者的意志品质和意志心理活动过程

消费者在经历认识过程与情感过程以后，是否能够完成实际的购买活动，还有赖于消费者意志心理活动过程。它是消费者在确定了购买目标以后，自觉地支配和调节自己的行动，努力排除各种困难从而实现购买的心理活动，是消费者由确定购买动机转变为购买行动的心理保证。

1. 消费者的意志品质

意志是人自觉地确定目的，以目的调节和控制行动，克服困难，最终实现目的的心理过程。人的活动是有意识、有目的、有计划地实现的。人在活动之前，活动的结果已经作为行动的目的存在于人的头脑之中，以这个目的指导行动。大多数情况下，在消费者对某产品产生一定的情感体验的基础上，才会有计划地实施购买决策。

意志品质是消费者意志的具体表现。由于个性特征的不同以及意志品质的差别，使消费者在购买过程中的购买行为带有各种显著的特征。消费者意志品质的基本特征主要体现在以下几个方面。

（1）意志的自觉性

意志的自觉性是指消费者能充分地认识到自己行动的正确性以及行动的社会

效果。富于自觉性的消费者在购买活动中能够做到不鲁莽行事，也不盲目附和，他们根据自己的需求提出购买目的和行动计划，用购买目的来指导自己的购买活动，整个购买活动有条不紊；而自觉性较差的消费者，由于缺乏明显的情感和意志倾向，容易盲目地听从别人的意见，从而影响自己购买行为的实现。

（2）意志的果断性

意志的果断性是指消费者所具有的能够根据所面临的情况，迅速地作出分析与决策，并执行决策的品质。在购买活动中，消费者如果具有较强的果断性，就能够根据所获得的信息，对自己所选购的产品作出利弊权衡，从而决定最终购买与否，而且一经作出决定不会轻易改变；而果断性较差的消费者，常常表现出优柔寡断、决策过程时断时续的特点，容易受到外界因素的影响。

（3）意志的自制性

意志的自制性是指消费者善于控制自己的情感，并且能够有意识地调节与支配自己思想与言行的品质。意志的自制性可以促使自己执行决定，制止与执行决定无关的行为，而且可以在实际行动中控制由于消极情绪所引发的冲动行为。具有自制性的消费者能较好地控制自己的情绪，使购物活动顺利地进行。

（4）意志的坚忍性

意志的坚忍性是指消费者善于以充沛的精力克服困难来完成各种复杂任务的品质，也就是我们所说的毅力。坚韧性较强的消费者，其购买活动的效率和成功率相对较高；反之，优柔寡断、犹豫不决的消费者，其购买活动的效率与成功率均较低。

课堂训练

言师傅是某地出名的厨师，这天他为了锻炼两位徒弟的材料采购能力，吩咐两人到较远的不太熟悉的东边集市去购买最好的香料回来。A徒弟对师傅交代要买的香料了然于心，集市熙熙攘攘，过往的好几个店铺老板给他极力推荐产品，他都不为所动，最后他径自走到一个较为熟悉的老品牌杂货店，买下了他认为最好的香料。

而B徒弟一心想着出色地完成师傅交代的任务，于是他打算把整个集市都走一遍。他在每一家香料店都进行认真细致的挑选和比较，可是可选择的产品越多，他越不能作出决定。当他把整个集市都逛完后，他还是不知道选哪一家更好，只能兜兜转转又逛了几次，最后草草地选了一家自己也不太确定的店铺买回了香料。

当B徒弟回去的时候已是黄昏，师傅已经用上了A徒弟的香料，烹饪好了菜肴，B徒弟既沮丧又无地自容。

请思考并回答以下问题：

1. 谈谈你对B徒弟意志品质的评价。

2. 谈谈如何避免B徒弟买香料这种尴尬的情况。

2. 消费者的意志心理活动过程

消费者不受干扰，努力去实现预定的购买目标而采取的一系列心理活动，就是消费者的意志心理活动过程。消费者在完成一件较复杂产品的购买时，必须有足够的意志来克服当前的困难。消费者意志心理活动过程的特征如下。

（1）目的性

意志和目的是分不开的。离开了自觉的目的，就没有意志，所以盲目或者冲动的行动都是缺乏意志的行动。其目的越明确，其意志就越坚定。当然这个目的是受客观条件所限制的。

为了实现购买目的，消费者要根据自己的主观条件加以确定。例如，同样购买计算机，是购买品牌的还是购买拼装的？是购买高配置的还是低配置的？这就需要消费者根据自己的实际情况作出决定。

（2）选择性

人的意志行动是由一定的动机引起的，但由动机过渡到行动的过程是不同的。

在现实生活中，常常出现这种情况：在某一时期内，消费者同时有多种需要，因此就会产生多种购买动机。

对于多数消费者来说，不可能在一段时间内同时满足所有的需要，这就会产生动机冲突。此时，就需要靠意志来排除干扰，解决这些冲突。消费者必须面对众多自己所需要的产品进行选择，根据自己实际的经济条件和需要的轻重缓急，在比较的基础上作出理智的购买决定。当然，外界的信息，如其他人购买此物，尤其是有身份的人或身边人的购买效应也会强化购买决定。消费者在购买的选择上有时也会发生激烈的思想冲突，有可能会遭到周围人的否定。能否克服这种压力和困难，也取决于消费者的意志。

（3）行动性

意志行动往往与克服困难相联系。实行购买行动是表现意志的重要环节，它不仅要求消费者克服内部困难，而且要排除外部干扰。在消费者购买过程中，如果得到销售人员的热情接待和帮助，则会强化消费者的购买决定，使之满意地买下产品。经营者精心策划购物环境，也能强化消费者的意志。例如，某些商场不仅别具匠心地设计了广场晨练及列队迎客仪式，吸引八方来客，同时为了解除消费者携带小孩购物的不便，专门在大厅设立儿童游乐场所，并有服务人员热心接待，以此塑造商场良好的企业形象。

购买活动有着多种因素的影响，有的可能引起消费者积极的情绪反应，有的可能引起消费者消极的情绪反应。要克服消极情绪，就有赖于消费者意志行动的心理过程。

课堂训练

小王和小李为筹备婚礼忙得不可开交，最近两人在选择酒店的事情上犯愁了。原来两人早早看中了一家维也纳风格的酒店，但男方家的两位老人极力反对，他们认为年轻人选的酒店菜式不符合他们家乡口味，而且又贵，只是装潢比较高档而已，两位老人主张选择更经济实惠的中式酒店。为此，小王和小李左思右想，始终下不了决心。

请思考并回答以下问题：

1. 这对年轻夫妻的家人是否会影响他们最终的决定？为什么？

2. 你是否会被低廉的价格打动，选择经济实惠的酒店？为什么？

课题3　了解消费者需求

案例导入：

华海的朋友一飞每天挤公交车上班，这让他每天要耗费近3个小时在路上，并且影响了销售业绩。一飞看到邻居开车上下班很方便，就产生了购车的想法。

他个人有4万元存款，想通过银行贷款2万元购买一辆价值6万元左右的小轿车。按目前收入，两年还清贷款，不影响自己的生活水平。

他和华海到汽车市场跑了多次，没能顺利成交。销售人员在推销过程中不断强调汽车的品牌、安全性等因素，忽视了一飞买首辆车的主要目的和购买能力。

一飞购车的预备阶段，目标是明确的，定位也是准确的——代步即可，但由于销售人员建议过多，让一飞左右为难，不知所措。

请思考并回答以下问题：

1. 如果你是销售人员，你会根据消费者的不同需要，进行针对性的推销吗？分析接待一飞的销售人员为何没有成功。

2. 你作为销售人员，将怎样采取多种诱导方法，打消一飞的顾虑，促成购买？

3. 作为销售员的华海和一飞，从中会受到什么启发？

一、需要、欲望和需求

1. 消费者的需要

个体在其生存和发展过程中会有各种各样的需要，如人们渴的时候有喝水的需要，饥饿的时候有进食的需要，人与人交往中有获得友爱、被人尊重的需要等。

需要是有机体感到某种缺乏而力求获得满足的心理倾向，它包括消费者自身和外部生活条件的要求在头脑中的反映。消费者需要具体包括三个方面的内容：一是消费者的实际需要，二是消费者的心理需要，三是消费者愿意支付并有能力支付的货币数量。

影响消费者需要有许多因素，除了经济因素、人口因素之外，还有社会心理因素。随着社会生活水平的提高，消费不仅要满足人们的基本生理需要，还要满足其心理与社会需要。因此，只有认真研究消费者的心理，才能更好地满足消费者的心理需要，赢得广泛市场。

2. 消费者的欲望

欲望是指建立在不同的社会经济、文化和个性等基础之上的需要。欲望对消费者个体而言，具有特性。

每个人的需要因为其所在的客观社会环境、经济文化和性格等不同而不同，形成的这种有差异的需要就是欲望。不同的欲望通过不同的物品和方式得到满足。如人们面对饥饿的时候，欧美国家的人们需要汉堡包、油炸土豆条，而亚洲地区的人们则希望得到米饭和菜肴。随着经济发展水平的提高，消费者对产品的欲望越来越多，形式也越来越多样。企业营销可以通过开发合适的产品和有效的促销活动，极大地吸引消费者的眼球，激发消费者的兴趣和欲望，将企业产品和人们的需要结合起来。

欲望和需要是有差别的，但很多人经常会将两者混淆。例如，女性购买护肤品，从表面上看是对护肤品的欲望，但实质是对保持美丽的需要。如果某一生产商生产出一种新的护肤品，价格更低，护肤抗衰的功能更好，消费者将对这个新的护肤品有着更强的欲望，但实际需要仍然相同。生产商常常只是关注消费者表现出来的对产品的欲望，而忽略了掩盖在欲望下面的实质性需要。

3. 消费者的需求

需求是指有支付能力并愿意购买某种产品来满足需要的欲望。在市场经济条件下，人们的需求表现为市场需求，因此并非所有人的需要都能转化为需求，并非所有人的欲望都能得到实现，购买能力是问题的关键。例如，人人都向往环游世界的生活，都有旅游的需要，但是对于没有购买能力的人来说，旅游的需要对其而言就是一种欲望，只有对于那些具有足够支付能力的消费者来说才是需求。

人们的欲望无限，而购买能力有限。市场需求处在经常变化之中。消费者收入和价格是影响市场需求变化的两个最基本因素，当消费者的收入增加时，其购买力增强，对消费品的需求自然增加；反之，当消费者的收入缩减时，其购买能力减弱，对消费品的需求就会下降。

课堂训练

某品牌护肤品专柜前有个女消费者已经在柜台前踟蹰了许久，跟她同来的男消费者表现出不耐烦的神态。此时的女消费者仍然在几种可供选择的护肤产品中犹豫不决，最后，女消费者叹口气，依依不舍地离开商店。这时营业员对旁边的同事说："我最不喜欢这种犹豫不决的消费者。"

请阅读上述材料，并结合你的观察分析：

1. 男性与女性的消费心理及行为有什么差异？
2. 该营业员有哪些地方做得不对？假如你是营业员该如何做？
3. 如果你是营业员，你会采取怎样的方法分别与男、女消费者打交道？

二、马斯洛需要层次理论

按照消费者需要的目的性，消费者需要可以分为物质需要和精神需要。其中，物质需要是为了满足生存需要的物质消费；精神需要则是在满足了物质需要后，为了得到更多的非物质需要而产生的。随着经济的发展，更多的消费将是为了满足精神需要而进行的消费。

依据美国心理学家马斯洛的理论，人的需要可以划分为五个层次：生理需要、安全需要、社会需要、尊重需要和自我实现需要，其中以生理需要（包括衣、食、住、行等）为基础。在社会各阶层中，那些解决了温饱的人们，拥有非常强烈的社会需要，希望得到尊重和爱，其他几种需要则降而为次。

一般来讲，这五种需要就像梯子一样从低到高排列，低层次需要满足以后才会产生较高层次需要，但也不是绝对化，是可以变化、跳跃的。马斯洛需要层次划分如图 1—4 所示。

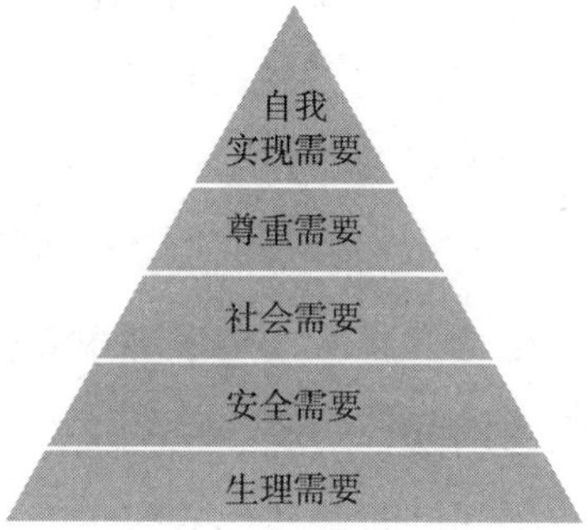

图 1—4　马斯洛需要层次划分

1. 生理需要

生理需要是指人们日常生活中穿衣吃饭、解决温饱等类型的需要。

2. 安全需要

马斯洛认为，温饱问题解决之后，人们希望所生活的社会有一定的安全感，满足安全的需要就会产生。个人寻求生命、财产等个人生活方面免于威胁、孤独、侵犯并得到保障的心理就是安全的需要。

3. 社会需要

在人们的生理需要和安全需要得到一定程度的满足时，人们会强烈地需要朋友、亲人的关怀，即需要在团体中找到一种归属感，需要被人爱护、关注。在这种需要的驱使下，人们会去主动地交朋友、同人往来、进行社会交际。亲人或朋友间互送礼品的行为或聚会等都属于社会需要的范畴。

4. 尊重需要

人需要朋友、亲人以及社会上的其他人对自己有个良好的评价，需要他人承认自己的能力、成就，希望获得个人的荣誉和威信，这就是尊重需要。尊重需要一般通过外在的物质来体现，如住宅、室内装饰、汽车以及日常用品、衣着等方面都能体现出一个人的社会地位。

5. 自我实现需要

如果一个人在以上四个方面的需要都得到了较好的满足，那么就会激发其最高层次的需要，即实现自我价值和发挥自我潜在能力的需要。自我实现需要是指实现个人理想、抱负，最大限度地发挥个人能力的需要，即获得精神层面至高人生境界的需要。

五种需要可以分为两个阶段，低层次需要和高层次需要。其中生理需要、安全需要和社会需要属于低层次的需要，这些需要容易获得满足；而尊重需要和自我实现需要是高层次的需要，这些需要的实现相对较难。

课堂训练

当消费者出行需要乘坐火车或飞机等长途交通工具的时候，在购买车票的时候，售票员或者售票系统都会温馨提示消费者是否同意多花几块钱购买保险，而大部分消费者也愿意多花几块钱买这一份保障。请问，这反映了什么层次的需要？为什么？

依照马斯洛的观点，大多数人都没能很好地满足尊重需要而进入自我实现的需要之中。因此，这种需要的市场潜力是无限大的。

课堂训练

珊珊的妈妈去美发，现金消费380元/次，会员卡消费180元/次。妈妈觉得现金消费每次多付200元，于是花费1 800元办了一张美发会员卡。据调查，到该理发店的人中，10个人大约有6个人选择办卡消费。

请问：消费者为什么会难以抵制会员卡的诱惑？请分析他们的心理需要。

三、消费者需求的特征

1. 需求的多样性

不同的消费者有不同的需求，同一个消费者在人生的不同阶段有不同的需求。

2. 需求的发展性

人们的消费随着社会经济的发展以及人们生活水平的提高而不断地发展变化。当消费者某种需求被满足以后，新的、更高级的需求将会被激活。随着人均收入和消费水平的提高，消费者的需求结构将逐步趋于高级化。

3. 需求的伸缩性

需求的伸缩性是指由于内因或者外因的影响，消费者的需求可以扩大、增加和延伸，也会减少、抑制和收缩。

内因包括消费者的个性特征、购买能力、生活方式等，而外因则包括市场产品的供应、价格、宣传、促销等。外因必须通过内因起作用，因此宣传广告、推销过程必须针对目标市场消费者的内因——消费者的个性特征、购买能力、生活方式等，否则将事与愿违。

4. 需求的周期性

需求的周期性是指消费者对消费对象的需求会因某些因素的影响而呈现出周期性的变化，具体表现在当某种消费需求满足以后，经过一定时间这种需求又重新出现。

影响需求周期性的因素包括消费者的生理规律、自然环境的变化、社会时代的变化和其他周期性因素等。

5. 需求的可诱导性

随着经济的发展，消费者的购买力逐渐增强，在购买什么产品品牌和什么时间购买等方面有着较大的选择性。科技发展使得产品品种众多，技术含量也不断增加，消费者每天都可能由于受新产品或宣传的刺激，产生购买欲望。这就使得消费者的消费需求具有很强的可诱导性。

四、引导消费者需求的方法

有效引导消费者需求的方法有以下三种：

1. 证明性诱导

这种方法主要是以产品的实际质量和功能展示来说服消费者，促成其购买。例如，把手表放入水中展示手表的防水功能，把鸭绒被留个口让消费者看填充物等。

2. 说服性诱导

销售人员运用丰富的产品知识和较高的语言技巧进行生动的产品推销，使消费者对产品的工艺、性能、质量、使用方法都有清楚的了解。采取说服性诱导，既要注意消费者的心理变化，切忌片面宣传或夸大其词，同时还要有的放矢地提出富有建设性的建议。

3. 情感性诱导

在销售过程中，应该以“情”动人，从消费者切身利益出发，当好消费者情感纽带的传递者，创造有利于销售的情感氛围。“人性化”的销售策略已在现代营销中逐步渗入，要求企业在营销中时时处处注意加强与消费者的心理交流，而这往往是动机转化的促进剂。

课堂训练

陈女士到小刘所负责销售的楼盘随便转转打发时间。小刘得知今天是她的生日，且已经下决心买一套刚需型的小两居房，立刻向她祝贺“生日快乐”，并且说“只要您有时间，我带您看几套同等价格的小三居房——它也是刚需型的”。期间，还安排助手给陈女士买来一束鲜花，亲手送给她，并热情地祝她拥有非常快乐的一天。陈女士深受感动。

闲聊时陈女士说，她原想买那套小两居房，但是销售员态度并不好，看自己只是想买个五六十平方米的小房子而不愿接待，与同事一起去吃东西了，告诉自己等一个小时回来，自己觉得被歧视了才来其他楼盘看看的。最后，陈女士愉快地买了小刘销售的一套小三居房。

请认真思考后回答以下问题：

1. 案例中原本决定买小两居房的陈女士最后买了小三居房，这说明了消费者需求的哪种特征？

2. 之前接待陈女士的销售员未成功实现销售，而小刘却让陈女士最终买了他推荐的房子，对比两个案例你有何感想？

思考与练习

一、分组实训

任务单

<table>
<tr><td>任务名称</td><td colspan="2">消费者心理分析实训</td><td>组长</td><td></td><td>组员</td><td></td></tr>
<tr><td>任务描述</td><td colspan="6">分组体验产品摆放对消费者感觉、知觉的影响，并根据消费者体验结果对产品摆放等因素进行调整</td></tr>
<tr><td>任务准备</td><td colspan="6">1. 建议 4～6 人为一个小组，组长带领组员复习本模块
2. 提前准备产品若干件</td></tr>
<tr><td>任务实施</td><td colspan="6">1. 每组分别商量、选定产品
2. 每个小组确定要重点推介的产品，并将全部产品摆放上货架，注意利用所学知识来进行摆放
3. 组间交流，比比看哪个小组的摆放最能达到影响消费者感觉、知觉的目的
4. 讨论后分组总结、陈述、交流</td></tr>
<tr><td>任务记录</td><td colspan="6"></td></tr>
<tr><td rowspan="3">任务评价</td><td>评价项目</td><td colspan="5">消费者心理分析实训</td></tr>
<tr><td>评价指标</td><td>正确恰当
（6分）</td><td colspan="2">较为准确
（5分）</td><td>能够完成
（3分）</td><td>需要帮助
（2分）</td></tr>
<tr><td></td><td></td><td colspan="2"></td><td></td><td></td></tr>
</table>

二、填表

根据所学的知识将表 1—2 补充完整。

表 1—2　气质类型与营销对策

气质类型	行为特征	营销对策
胆汁质型		
多血质型		
黏液质型		
抑郁质型		

三、案例分析

劳拉是公司附近那家星巴克的常客。有时候劳拉会约上几个朋友一起在这里谈笑风生，有时则点上一杯咖啡，自己一个人静静地捧着书消磨时光。

多年来，星巴克一直坚持着“第三空间（消费者在生活中除了家、公司以外最常去的第三个地方）”的经营理念，吸引了大批像劳拉这一类型的消费者。在这里，有怀旧的铁艺桌椅、柔和的灯光、曼妙动人的美国爵士音乐，给消费者提供了一个远离喧嚣、静思的环境。

除了优美的环境、精致的美食，星巴克还有很多有趣的延伸产品，在收银台旁边的展示栏里，摆放着各式印有星巴克图案的杯子、手提袋和罐装咖啡豆等产品，极大地吸引了消费者的注意力。

阅读案例，根据本模块所学知识回答下列问题：

1. 请分析星巴克在哪些方面吸引了劳拉？

2. 星巴克“第三空间”的经营理念满足了消费者的什么心理需求？

模块二　消费者购买行为分析

学习目标

1. 掌握消费者购买动机的诱导方法
2. 掌握消费者信息收集的常用方法及流程
3. 了解消费者的购买评价
4. 能分析消费者的购买动机
5. 能对消费者购买行为的模式和决策内容进行分析

课题 1　明确消费者购买动机

案例导入：

华海、玉菲、珊珊、一飞商讨解决云南旅游的住宿问题，结果大家并没有达成共识，分成了三组意见如下：

住宿类型	选择人	理由
a. 自备帐篷 	华海	只要有的住就好，方便、省钱、自由，重点在玩不在住
b. 青年旅社 	一飞	虽然多人共住，卫生间公用，但价格便宜，也较干净，能结识五湖四海的朋友
c. 星级主题酒店 	玉菲、珊珊	住就要住得舒服。主题酒店装潢具有当地特色，可当背景拍照，发朋友圈时能够显示出一定的品位

请思考并回答以下问题：

1. 四人的购买动机是否相同？
2. 玉菲与珊珊选择星级主题酒店住宿是出于什么样的购买动机？
3. 如果你是一飞，如何说服其他三位同伴选择青年旅社住宿呢？

消费者动机理论要研究的是消费者购买的原因，即到底是什么力量激发了购买行为。例如，消费者为什么需要某种产品或劳务？为什么从众多产品中选购了某种品牌的产品？为什么经常惠顾某些零售商店？

一、消费者购买动机概念

1. 购买动机的概念

动机是推动个人进行各种活动的驱动力，它是行为的直接原因，它促使个人采取某种行动，规定行为朝着某个方向发展。购买动机是消费者为了满足一定需要而引起购买行为的愿望或意念。

购买动机可以由内在因素及外在因素诱发。内在因素主要由内在需要引起，没有需要就不会产生购买动机。不饿就不会想吃东西，不冷也不会想买棉衣，这是本能驱使下的动机。随着生产力和科学技术的发展，消费者的购买力越来越强，产品越来越丰富，内在需要动机不断增强。外在因素则是通过外部刺激导致需要产生，以此引发购买动机。例如，肚子本来不饿的时候看到别人在吃东西，被食物的色泽、味道等刺激，也买来同样的食品进食。如果能抵制外在因素的诱惑，不引起购买动机，购买行为就不会产生。

购买动机能引起购买行为，但同样的动机可以引发不同的购买行为，另外，引起同一行为的动机往往也是不同的。

课堂训练

思考以下两则案例，分析是以上哪种因素诱发的购买动机。

1. 家里商讨增添休闲娱乐的设施，爸爸建议买台 65 寸屏幕的电视机；妈妈建议买台投影仪，直接投屏在墙上观看；刚上大学的小明则觉得不如多添一台计算机实用。

2. 全家人看中了一款轿车，爸爸喜欢这款车的性能配置，女儿喜欢这款车炫酷的外表，而妈妈则觉得买了车以后，家庭出行更加方便，能节省不少的时间。

总而言之，购买动机必须由需要引起，没有需要就没有购买动机，如渴了就想喝水，冷了就想穿衣等。之后再由购买动机产生购买行为。消费者购买行为流程如图 2—1 所示。

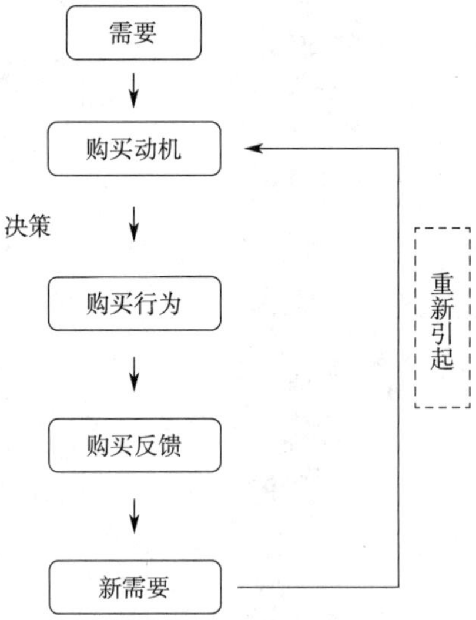

图 2—1　消费者购买行为流程

2. 购买动机的类型

消费者的购买动机类型繁多，归纳见表 2—1。

表 2—1 消费者的购买动机类型

动机类型	选购角度
求美动机	从审美角度选择产品
嗜好动机	满足特殊爱好
攀比动机	争强好胜心理
求新动机	追求产品的新潮、奇异
求优动机	追求产品的质量、性能优良
求名动机	看重产品的品牌
求廉动机	喜欢买廉价、打折的产品
求简动机	要求产品使用程序和购买过程简单
求实动机	重视产品的使用（实用）价值
惠顾动机	对特定的商店、品牌有特殊的信任和偏爱

课堂训练

1. 某商场销售一款品牌的厨房系列产品，因为颜色鲜艳和有一个特大号的柔软操作手柄而销量大增，甚至一度形成抢购的场面。消费者不缺乏厨具，但缺乏与众不同的厨具。

请问：消费者是因为使用价值而购买彩色厨具吗?

2. 据统计，70% 以上的购买决定都属于冲动型购物。在冲动中作出的购买决定，往往是在 3 秒之内完成的。

请同学们调查 100 名消费者，统计有多少人是因为实际需要而购买，并针对调查结果说说自己的感受。

3. 现在的消费者更多的困惑是产品很多，但缺少令人怦然心动的那一件，让他们“无货可买”。你认同这个观点吗？说说理由。

3. 购买动机的特点

（1）迫切性

购买动机的迫切性是由消费者的高强度需要引起的。急需满足的需要，会激发强烈的购买动机。有需要不一定就有购买动机，需要转化为购买动机应具备三个条件：

首先，需要的强度要达到一定程度。如一飞想买车代步，因为挤公交车使他每天耗费近 3 个小时在路上，苦不堪言，影响销售业绩，也影响自己的生活质量。

其次，有满足需要的对象和条件。如微型轿车经济实惠，可以满足一飞的基本需要。

再次，需要一定的购买力。如一飞自己有几万元，购车金额如果不够可以贷款。

（2）内隐性

购买动机的内隐性是指消费者出于某种原因不愿让别人知道自己真正购买动机的心理特点。

（3）可变性

在消费者的诸多消费需要中，往往是多种需要同时存在，共同起作用，但只有一种需要占主导地位，其他需要作辅助。主导性动机处于支配地位，非主导性动机则处于依从地位，如消费者购车，有代步需要、显示身份需要、求美需要等。如果资金不足，那么消费者可能优先满足代步需要，购买价廉物美、配置低的微型轿车。当外部条件发生变化时，占主导地位的消费需要将会变化。例如，购车者最近收入大幅度提高，或者消费者在购买决策过程或购买过程中出现新的刺激，如朋友买了档次较高的轿车等，那么求美观、显示身份的需要就会主导购车行为，就可能会买名牌、配置高的轿车。

（4）模糊性

有关研究表明，引起消费者购买活动的动机有几百种，其中最普遍的是多种动机的组合作用。有些是消费者意识到的动机，有些则处于潜意识状态，往往表现在一些消费者自己也不清楚自己购买某种产品到底是为了什么上。这主要是由于人们动机的复杂性、多层次性和多变性等原因造成的。

（5）矛盾性

当个体同时存在两种以上消费需要，且这些需要互相抵触、不可兼得时，内心就会出现矛盾。这里人们常常采用“两利相权取其重，两弊相权取其轻”的原则来解决矛盾。只有当消费者面临两个同时具有吸引力或排斥力的需要目标而又必须选择其中一项时，才会产生遗憾的感觉。如一个节俭的人，购物常倾向于实际使用功能，本来想买一套小户型房子满足居住即可，但房价不断上涨，在“买房等于投资”的声浪中，一时拿不定主意，到底买大户型还是买小户型更适合自己。

课堂训练

家里的冰箱坏了，一飞觉得请人来修的修理费不合理，同时又不想买一台新的冰箱，因此陷入矛盾中。

如果你是一飞的朋友，根据“两利相权取其重，两弊相权取其轻”的原则，请给出解决矛盾的建议，并说明原因。

4. 购买动机的作用

购买动机是消费者需要与其购买行为的中间环节，具有承前启后的作用。

（1）始发作用，即购买动机能够驱使消费者产生行动。

（2）导向作用，购买动机促使购买行动朝既定的方向、预定的目标进行，具有明确的指向性。

（3）维持作用，无法消失的需要时时牵制着消费者的心，让其无法平静，甚至充满焦虑，直到需要得到满足。如一飞急需购进一辆轿车，但由于工作繁忙，没时间去现场挑选车，只能每天挤出一点时间在网上浏览车的品牌、配置、性能、外观、报价等，先行挑出几款较适合自己的车型。

（4）强化作用，正强化能够肯定、鼓励、加强购买行为，负强化会弱化、降低购买行为。如一飞买电视机，挑中一款品牌的电视机，A、B 两家店都在销售这一品牌的电视机，并且价格相同。A 店离一飞家近，B 店离一飞家远，一飞却在 B 店进行了购买，原因是 A 店的销售员态度差，不尊重客户。

（5）中止作用，即削弱、惩罚、不支持购买行为。如一飞本来购车的需要非常迫切，当天就想提车，经陪同看车的朋友一番劝说，反而拿不定主意，因此中止了购买行为。

二、消费者购买动机的模式

1. 本能模式

人类为了维持和延续生命，有饥渴、冷暖、作息等生理本能。这种由生理本能引起的动机叫作本能模式，具体表现形式有维持生命、保护生命、发展生命的动机。这种为满足生理需要的购买行为，具有经常性、重复性和习惯性的特点，所购买的产品，大都是供求弹性较小的日用必需品。例如，消费者为了解除饥饿而购买食品，是在维持生命的动机驱使下进行的；为抵御严寒而购买棉衣，是在保护生命的动机驱使下进行的；为实现知识化、专业化而购买书籍，是在发展生命的动机驱使下进行的。这些动机驱使下的购买，主要由内在因素引起，不易因外界刺激而改变。

2. 心理模式

由本能以外的认识、情感、意志等心理过程引起的行为动机，叫作心理模式动机，具体见表 2—2。

表 2—2　　心理模式动机

动机类型	引发原因	特点
情绪动机	由人的喜、怒、哀、欲、爱、恶、惧等情绪引起	具有冲动性、即景性的特点
情感动机	由道德感、价值观、群体归属感、美感等人类高级情感引起	注重与特定的日子、特定的人物、特定的环境或符号联系的产品、服务
理智动机	建立在人们对产品的客观认识之上，经过比较、分析而产生	具有客观性、计划性和控制性的特点，不易受外界因素影响
惠顾动机	基于情感与经验对特定的品牌或商家产生特殊的信任和偏好	具有经验性和重复性的特点

课堂训练

请问以下情形是哪种动机类型？

(　　　　) 为了显示身份和地位，不惜买下贵重的字画。

(　　　　) 小王去买羽绒服时，关注是否保暖、穿上是否轻便，至于款式显臃肿也没关系。

（　　　）一飞见朋友们带着运动手环，手环外表很炫酷，并有多项功能，一时兴起也买下了一款运动手环。

（　　　）一飞妈妈经常去稍远的大超市购买日常家用品，而不到家附近的小超市购买。

3. 社会模式

人们的动机和行为，不可避免地会受到社会的影响，这种后天的、由社会因素引起的行为动机叫作社会模式或学习模式。社会模式动机主要受社会文化、社会风俗、社会阶层和社会群体等因素的影响。社会模式是后天形成的动机，一般可分为基本的和高级的两类社会性心理动机，由社交、归属、自主等意念引起的购买动机，属于基本的社会性心理动机；由成就、威望、荣誉等意念引起的购买动机，属于高级的社会性心理动机。

4. 个体模式

由消费者个体素质引起的行为动机，叫作个体模式。消费者个体素质包括性别、年龄、性格、气质、兴趣、爱好、能力、修养和文化等方面。个体模式比其他心理模式更具有差异性，其购买行为具有稳固性和普遍性的特点。由于自身生理特点和特殊个性偏好产生的需要属于这类模式，如下肢有残缺的人需要轮椅，书画爱好者喜欢收藏书画等。

三、诱导消费者购买动机

1. 诱导消费者购买动机的含义

动机诱导就是销售人员针对消费者购买主导动机指向，运用各种手段和方法，向消费者提供产品信息资料，对产品进行说明，使消费者购买动机得到强化，对该产品产生喜欢倾向，进而采取购买行为的过程。大量的观察和分析表明，消费者购买行为是种种有意识和无意识动机相互作用的结果，是多个动机共同驱使的。在商店柜台前，常常看到有的消费者面对多种产品犹豫不决，说明他的心理处于矛盾状态。此时，同伴或销售人员的一个表情、一种手势、一句话或一个暗示，往往会使消费者下决心购买或者终止购买。还有其他消费者买下同样的产品，在从众心理的作用下，也会使消费者采取购买行为。因此，销售人员必须掌握诱导艺术，在关键的时刻给消费者加上倾向购买的外力。这种外力的作用，可以使产品对消费者的综合诱导性得到急剧强化，突然被强化的购买动机促使消费者采取购买行动。

2. **诱导消费者购买动机的方法**

诱导消费者购买动机的方法见表 2—3。

表 2—3　诱导消费者购买动机的方法

消费者表现	诱导方法	具体操作
消费者对不同品牌产品进行比较，迟迟下不了决心	品牌强化诱导	突出介绍一个品牌，详细说明它的好处，以及其他消费者对这个品牌的认识、感受，避免同时对多个品牌逐一详细介绍
消费者对选择某一品牌已有了意向，但是对其优缺点还不能作出全面判断	特点补充诱导	通过对不同品牌产品进行特点比较，从优点和缺点等全方位进行分析，再结合消费者的特殊需要，帮助消费者进行最终决策
消费者在购买时表现出对产品的认识比较片面，对产品的评价具有局限性	利益追加诱导	深入、全面地介绍产品，使消费者对产品认识更全面，提高产品感知价值，让消费者获得其他方面的利益
消费者对某一品牌的印象不深，这个品牌的产品在消费者认为比较重要的属性方面还不突出，不具有优势	观念转化诱导	要求销售人员具有丰富的产品学知识和营销知识，恰到好处地引导消费者进行观念上的转变，重新引起消费者的兴趣
消费者对于选择什么样的产品、什么品牌的产品都已经确定，但是还没有把握，怕有风险而犹豫不决	证据提供诱导	采用消费者熟知的、有感召力的实际消费证据，尽量使消费者相信所购产品靠得住。告诉消费者有多少人买了这种产品，强化从众购买动机，消除消费者顾虑

3. **诱导消费者购买动机的流程**

AIDTA 法则是一则具有代表性的消费心理模式，它很好地总结了消费者在购买产品前的心理过程，从另一方面诠释了从需求激发购买动机到引起购买行为的全过程。AIDTA 法则的流程是：Attention（注意）——Interest（兴趣）——Desire（消费欲望）——Trust（信赖）——Action（购买行为）。

（1）A（注意）

在现代社会中，大众媒体已是人们生活中不可或缺的一部分。商家可以用广告宣传的模式，通过广告的色彩、声效、文字表现来加强与消费者的沟通，引起消费群体的注意，并且更好地向目标客户传递产品的核心竞争力，从而激发他们的购买动机。商家可以在网店以及实体店进行促销活动，如采用打折、送赠品、领优惠券等方法进行销售，不仅能针对具有明显购买欲望的消费者，更可以激发潜在客户的购买欲望。

（2）I（兴趣）

商家虽然能引起消费者的注意，但是否能激发他们兴趣就不一定了，比如有很多消费者进入店中只是逛了一圈就离开了。此环节可以利用合适的诱导消费者购买动机的方法，如品牌强化诱导法、特点补充诱导法等，重新引起消费者的兴趣。

（3）D（欲望）

消费者对某产品有明确兴趣时，需要把兴趣诱导成为欲望，欲望达到一定程度，即会产生购买动机。此环节可以利用利益追加诱导法、观念转化诱导法等，深入、全面地介绍产品，使消费者对产品的认识更全面，提高产品感知价值，以促成交易。

课堂训练

珊珊试穿了一款运动鞋，她很喜欢这款鞋的外观，但还是犹豫要不要买，因为家里已经有多双运动鞋了。此时导购员跟她介绍这款运动鞋是具有户外功能的运动鞋，鞋底专门为徒步登山而设计，特别适合进行户外活动。珊珊听了就决定购买这款鞋子，因为她是位户外徒步爱好者，需要满足此功能的鞋子。

请用利益追加诱导法分析珊珊购鞋的思维转变。

（4）T（信赖）

购买产品时消费者多多少少会有顾虑，这顾虑源于对产品的不放心，如产品的价格是否高了，产品的质量是否有保障等，这些顾虑很大程度上会影响消费者的购买行为。此阶段可以采用消费者熟知的、有感召力的证据提供诱导法，尽量使消费者相信所购产品靠得住，打消消费者的顾虑。例如，卖电视机的商家可以进行电视机现场试看，卖零食的商家可以采用现场试吃，卖家具的商家可以拿出权威机构验证的检测报告书，证明所用材料的环保等级等，来消除消费者的顾虑。

采用上述诱导方法，通过 AIDT 四个环节，最后的 A（购买行为）就会大概率产生。

课题 2　了解消费者信息收集过程

案例导入：

玉菲越来越爱美了，非常想学服饰穿搭技巧。于是她马上行动，先是在时尚公众号中学习服饰穿搭的课程，又向她的好友珊珊请教，同时购买了几本服装杂志研究。经过一段时间的学习，玉菲发现她需要买一件基础款单品——衬衫，但她并不想随意买，而是想买一件耐穿、款式经典又适合自己的衬衫。那到底哪种款式的衬衫适合自己，并且价格相对经济实惠呢？玉菲是从两方面着手的：

（1）通过穿搭课程中老师推荐的网上店铺寻找适合自己的衬衫，在此期间，她向网上店铺客服询问衬衫的面料、款式等问题。

（2）玉菲拉着珊珊陪逛实体店寻找适合自己的衬衫，试衣期间，珊珊对衣服的质量、款式给予玉菲建议。

最终，玉菲在一家实体店中找到了她心仪的衬衫，价格虽然比网上店铺贵，但是玉菲觉得物有所值。

请思考并回答以下问题：

1. 玉菲对于衬衫的购买动机是由哪些途径激发的？

2. 玉菲是如何找寻适合自己的衬衫款式的？

3. 如果你是玉菲，还有哪些途径可以去了解产品？

4. 请调研某个品牌的线上、线下商城，并说出它们的区别。

消费者总是不断地认识到问题的存在或者发现需要的产生，那么他们就需要通过收集信息来解决问题或者满足需要。虽然信息的收集要付出代价——花费时间、精力、金钱，但是信息收集的收益往往超过其成本——更低的价格、更满意的式样、更优质的产品，超过成本的收益不断激励着消费者在购买前进行相关信息的收集。

一、消费者的信息来源

信息、物质、能源是人类社会的重要资源，在美国某图书馆大门上的一句话揭示了信息来源的重要性：知识的一半就是知道到哪里去寻找它。信息来源即消费者获取信息的渠道。

消费者获取信息的来源有：

1. 记忆来源

记忆来源是指信息的获取是根据过去积累、个人经验形成的记忆。

2. 相关群体来源

相关群体来源是指家庭成员、朋友、邻居或同事等提供的信息，消费者是很依赖于这种信息来源的，特别是具备相关产品专业知识的亲朋好友和邻居同事往往是消费者最重要和信任的信息来源。

3. 公共信息来源

公共信息来源是指通过报纸、杂志、电视等大众传播媒介和政府评审机构发布的消息获得信息。

4. 体验来源

体验来源是指消费者通过以前购买、使用或当前试用中体验的知觉获得信息。

5. 商业来源

商业来源是指从广告、销售人员、零售商、产品包装、产品展销会、产品目录以及产品说明书等方面获得的信息。

商业来源影响着其他几种信息来源。市场中许多企业专门开展有针对性的营销活动，以求获得消费者的非商业性信息来源。例如，某生产婴儿奶粉的厂家，让儿科医生和护士以健康专家的身份与准妈妈和年轻妈妈进行直接沟通。虽然这些消费者可能不会立即将这些信息用于购买中，但这些持续的信息会以一种非商业的形式影响消费者在将来购买时的判断。

二、消费者信息获取的方法和流程

1. 消费者信息获取的方法

（1）亲自探究

亲自探究是指信息收集者通过亲自观察、实验、调查、体验和取证等方式收集信息。

（2）与他人交流

与他人交流是指信息收集者通过请教他人、听讲座、参与讨论和问卷调查等方式收集信息。

（3）媒体检索

媒体检索是指信息收集者通过阅读书刊、收听广播、收看电视和搜索网页等方式收集信息。

互联网的出现正以全新的方式改变着信息的收集方法。网上信息获取方便、快捷，种类多样、全面，既有源于政府的公共信息，又有其他消费者的使用情况，既有营销者的商业信息，又有各种产品论坛的评测报告。越来越多的消费者不仅从网上收集信息，还通过网络实现从信息收集到购买行为的完成。所以，搜索时的“关键词”设置尤为被商家重视，“关键词”设置到位，被消费者搜索出来的概率就大。因此，许多商家都依靠搜索引擎、电商平台等把排名置于前面位置，以增加搜索概率。

2. 消费者信息获取的流程

消费者信息获取的流程如图 2—2 所示。

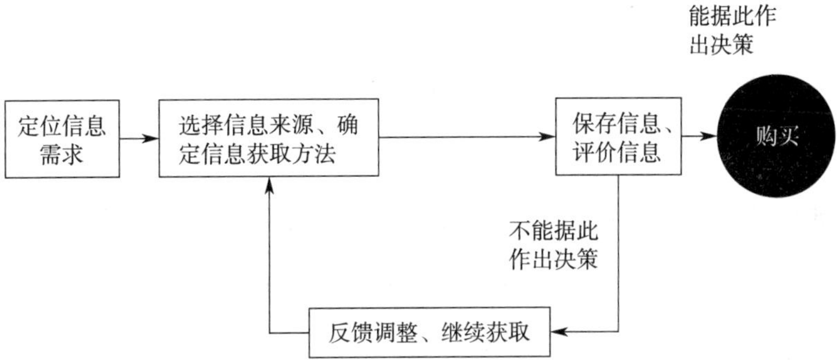

图 2—2　消费者信息获取的流程

（1）定位信息需求

当消费者遇到问题时，首先会对问题进行分析，明确已经知道的信息和还需获取的信息。准确快速地定位信息需求可以确保信息的针对性和时效性，同时减少获取信息的成本。

（2）选择信息来源、确定信息获取方法

消费者针对不同的产品往往会选择不同的信息来源。对于重复购买的低价便利品，消费者通常选择的信息来源是记忆来源；对大件产品如电器、汽车、不动产和专业性服务，消费者通常选择咨询亲朋好友、浏览报纸杂志、网络搜索、考察实体店等作为信息来源。经过调查，72% 的消费者在购买耐用品前会选取两个或两个以上的信息来源获取信息。如通常所说的“货比三家”就是指在获取信息的时候选择商业来源，通过亲自探究的方法来获取信息。

（3）保存信息、评价信息

通过信息来源获取了信息后，消费者会将其保存下来，并进行对比评价，以作出最佳的购买决策。如一飞购买冰箱，他先后去了国美、苏宁两家门店了解，看中了同一款海尔冰箱后，并不急于购买，而是又用手机上国美、苏宁的线上商城查看优惠活动，通过对两家报价、售后的对比，发现相同的价格下，苏宁线上商城购买时会送“整机延保十年”的增值服务，这是苏宁线下门店以及国美无法做到的，于是一飞在苏宁线上商城购买了冰箱。

（4）反馈调整、继续获取

如果评价信息的结论仍不足以令消费者作出购买决定，消费者往往会重新选择更多更优的信息来源收集信息，一直到作出购买决策——放弃购买或者购买确定的某一件产品为止。

课堂训练

请根据场景在右边相应的位置填写信息收集的流程。

珊珊因为学习的需要计划购买一台	______________
笔记本电脑，正苦于自己缺乏计算机品	______________
牌、质量、价格等方面知识的时候，想	______________

起可以向好朋友玉菲的哥哥求教这方面的信息，同时自己也可以上网看看其他消费者对于计算机的评价，把这些收集到的信息用一个Excel表格记录下来，对比一下应该就知道哪款计算机最适合自己了。如果还不行就再去计算机城逛逛。

三、针对消费者信息收集方式的营销策略

有效的营销策略不能忽视目标消费者在购买前所进行的信息收集，销售人员通常根据以下两个方面的因素来制定相应的营销策略：经营的品牌是否在备选范围之内和消费者进行收集的力度。

1. 保持

如果品牌属于消费者的备选范围之内，同时消费者又几乎不收集新的信息，这种情况无疑是经营者最乐于看到的场面，此时需要做的就是保持。保持产品品质的一致，避免脱销，同时采用提醒型广告以维持消费者对于该品牌的记忆。

2. 改变

如果品牌不在备选范围之内，同时消费者又几乎不收集新的信息，这样的场面对于经营者就较前一种场面困难，此时的任务就是改变消费者现存的信息收集模式。通过告知广告，让自己产品的信息进入消费者的视野，力求在潜移默化中影响消费者的备选范围，同时可以通过比较性广告和派发样品、优惠券、驻场促销等营业推广策略，引导消费者加大信息收集力度。

3. 捕捉

如果消费者在购买前对备选范围内的品牌进行小范围的信息收集，那么入围企业的任务就是尽可能地提高实际购买率。由于消费者进行的是小范围的信息收集，企业应当了解消费者在何来源收集信息和收集何种信息，通过媒体和相应的渠道实现对目标消费者的捕捉。

4. 吸引

如果消费者小范围收集信息，而企业又可能不在备选范围之内时，企业的任务则是在消费者确定备选品牌的过程中对其实施吸引对策。吸引对策主要通过户

外广告、互联网广告、售点的产品陈列、赞助活动、包装设计等来完成。

5. 突围

如果面对的是广泛收集信息的消费者，突围对策是入围企业的最佳选择。因为消费者信息收集一般涉及多个品牌、多种产品属性和多处信息来源，单单依靠捕捉对策是不够的，企业想要在众多竞争对手中脱颖而出就需要更全面的应对策略。首先在最重要的产品属性上通过广告突出优势；其次必须向所有合适的渠道提供信息，包括那些非消费者却可能向别人推荐该产品的群体；最后还要更多地激励一线的销售人员，以实现品牌突围。

6. 培育

如果消费者大范围收集信息，而企业根本不在备选范围之内时，企业就将面临比较大的困难了。企业只有通过长时间、一步一步地培育市场来实现自己的目标。通过大量重复的广告强化消费者的记忆，使产品进入其视野，往往是企业首先要进行的工作。

课堂训练

某国产动画电影是一部制作精良的动画片，但由于制作方资金有限，上映前几乎没进行太大的宣传活动，没有请明星团队造势，也没有投放户外广告以及电视广告，更没有举行电影发布会，可谓是悄悄上映。电影刚上映的前几天票房并不理想，但随后观影人数突然暴涨。

华海、玉菲刚开始也不知有该电影的上映，但有一天一飞激动地跟华海说有一部国产动画电影非常好看，强烈建议他去看。而另一方面妹妹玉菲也看到朋友圈被一部动画片刷屏，发布的朋友都写下了观后感，总结就是值得观看。兄妹俩不约而同地疑惑几时有一部如此好看的动画电影上映，他们并没有看到任何的广告。为了再次确认，兄妹俩上豆瓣收集专业评论，发现豆瓣对该电影给了高分评价。最后，华海、玉菲决定买电影票去观影。

从华海、玉菲的观影原因可以看出，在宣传资金有限的情况下，该电影格外注重口碑宣传，特别是利用新媒体阵地进行口碑传播，包括朋友圈、微博、知乎、豆瓣等平台。数据显示，新媒体对于此电影的票房暴涨功不可没。

阅读案例，请回答以下问题：

1. 华海、玉菲决定观看该电影的信息来源有哪些？

2. 请写出华海、玉菲收集该电影信息的步骤。

3. 该电影的制作团队用哪些营销方式去突围上映前期无知名度的困境，并设法吸引观众？

4. 请分别了解微博、豆瓣、知乎的网站性能，并简述在这三个网站上进行信息搜索的方法。

课题 3　识别消费者购买行为

案例导入：

一飞兼职做手机销售，遇到了形形色色的客户。

片段一：一位妈妈带着孩子进入店中，很主动地要求一飞推荐一款手机给她。一飞推荐了一款 1 000 元左右的手机给这位妈妈。这位妈妈在价格上没多大的问题，但她担心拍照是否清晰、电量是否充足、通话是否清晰、存储空间是否够用、是否双卡双待、保修是否可靠等。一飞都一一耐心解答，并再三保证这是一款性价比高的手机，于是，这位妈妈放心地购买了该手机。

片段二：一飞在刚做兼职时遇到了一位先生，他在店中自己默默地试机，于是，一飞赶紧跟过去，并非常热情地介绍他手中这款手机的性能，正当一飞滔滔不绝地运用培训时学来的产品知识解说时，这位先生面无表情地打断了一飞的话，说："你说的这些我都知道，我要自己选择，并不需要你来介绍。"一飞很尴尬地走开了。最终，这位先生什么也没买就离开了。

片段三：一位穿着华贵的女士进入店中，一飞迎过去，并说："您好，欢迎光临。有什么需要帮忙的吗？"女士说："我需要买一款拍照性能好的手机。"一飞推荐了 3 300 元的拍照旗舰款手机给她，但女士却不满地说："这么便宜，拍照能清晰吗？"一飞头脑一转，拿了一款高档手机答道："一看您的品味就不俗，的确应该有更好的手机来配您，您看这款手机如何？"女士一听脸上呈现出笑容，并同意试下这款手机。一飞推荐了一款红色的高档手机给这位女士，推荐理由是不仅拍照非常清晰，手机靓丽的外表也适合其形象。女士非常满意，问了价格，就爽快地付款购买了。

片段四：有位学生消费者在一飞这买了手机，觉得一飞人不错，非常诚恳、真心地推荐适合他的手机，并在售后对他进行回访，耐心地解答手机使用的问题。之后遇到有需要买手机的同学，都推荐他们到一飞这里购买。

一飞经历过兼职后，对消费者的购买行为很感兴趣，提出了几个问题，请你们帮忙回答：

1. 这四位客户的购买动机是否相同?

2. 根据这四位客户购买现场的反应，分别分析他们的购买行为类型。

3. 一飞对片段二中的先生为什么会销售失败? 一飞应该如何改进?

4. 一飞对片段三中的女士为什么会销售成功? 一飞销售的成功点在哪?

消费者作出购买决定之后就要将其付诸实施，即实施购买行为。在消费者购买行为实施过程中，也有可能对购买决策进行修改和调整。不同的消费者购买行为类型对外界影响因素的反应不尽相同，从而在消费者的购买评价和决策中表现出较大的差异。

一、消费者购买行为的模式及类型

消费者的购买行为是指消费者为了满足某种需要，在接受外界刺激而形成的购买动机的驱使之下，用货币交换产品的实践活动。

1. 消费者购买行为的模式

人类的一般行为模式是“刺激—个体生理、心理—反应”模式，也叫“刺激—反应”模式（见图 2—3），即“S—O—R”模式，S 代表刺激，O 代表有机体的生理和心理特征，R 代表反应。消费者的购买行为也脱离不了人类行为的一般模式。

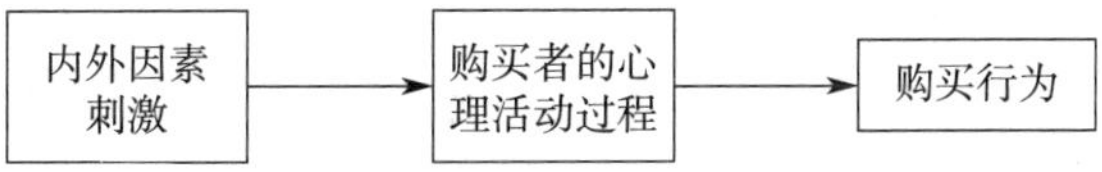

图 2—3 消费者“刺激—反应”模式

消费者“刺激—反应”模式表明，所有消费者的购买行为都是由刺激引起的，这种刺激既来自外界环境，也来自消费者内部的生理和心理因素。企业和销售人员对消费者购买行为的研究最重要的就是研究消费者心理，安排适当的营销策划进行消费刺激，使消费者产生有利于企业市场营销的反应。

课堂训练

刺激消费者行为的因素分为内在因素和外在因素，同学们与教师一起来完成表 2—4。

表 2—4　　影响消费者购买行为的因素

因素分类		具体包括（请完善）	影响购买行为（请补充）
内在因素	生理因素	身高、年龄、性别，衣、食、住、行	1. 产品的外观 2. 产品的质量 3. 4. 5. 6. 7. 8.
	心理因素		
外在因素	自然环境因素		
	社会环境因素		
	经济环境因素		
	政治环境因素	法律、法规	
	科技、文化环境因素		

2. 消费者购买行为的类型

（1）按消费者购买目标的选定程度划分

1）全确定型。此类消费者在进入商店前已有明确的购买目标，包括产品的名称、商标、型号、规格、样式、颜色等，甚至价格的幅度都有明确的要求，一旦产品合意，可以毫不迟疑地买下产品。

2）半确定型。此类消费者进入商店前已有大致的购买目标，但具体要求还不甚明确。这类消费者进入商店后，一般不能向销售人员明确、清晰地提出对所需产品的各项要求，需要经过较长时间的比较和评定。

3）不确定型。此类消费者在进入商店前没有明确的购买目标，进入商店后一般是漫无目的地看产品，或随便了解一些产品情况，碰到感兴趣的产品也会购买。但有时仅仅是浏览一番，不会买任何产品。

（2）按消费者购买态度与要求划分

1）习惯性购买。消费者在长期的购买活动中，会形成一定的购买经验和使用习惯，以致形成某种定势，长期惠顾某商店或长期购买某品牌产品。

2）理智型购买。此类消费者的购买行为以理智为主，感情色彩较少，在购买前会广泛收集信息，经过周密思考后才慎重地作出购买决定。

3）经济型购买。此类消费者购买产品时对价格尤为关注，常常以价格高低来评价产品，并据此作出购买决定。

4）冲动型购买。此类消费者对外界刺激敏感，易受外界因素和现场气氛影响，凭直观感觉快速购买，选购产品考虑不周到，买后常常会感到后悔。

5）感情型购买。此类消费者在购买行为上偏重于感情因素，对产品的造型、颜色，销售人员的态度等比较重视，往往以产品是否符合自己的感情需要作出购买决定。

6）从众型购买。此类消费者往往对所要购买的产品不去分析、比较，只要买的人多，便认为产品不错，从而作出购买决定。

课堂训练

1.“有钱的捧个钱场，没钱的捧个人场”的后半句指的是为了吸引哪种类型的购买行为？为什么？

2.“便宜没好货”这句话是为了吸引哪种类型的购买行为？为什么？

3.“得不到的永远是最好的”“物以稀为贵”这两句话是为了吸引哪种类型的购买行为？为什么？

（3）按消费者在购买现场的反应划分（见表 2—5）

表 2—5　按消费者在购买现场的反应划分

行为类型	表现	建议策略
沉静型	沉默寡言，不喜欢开玩笑，反应缓慢而沉着，决定后不易改变，受外界影响小	不要过分热情，不应过多干预其购物过程，以免引起反感，应客观、理智地给出购买建议
温顺型	尊重销售人员的介绍和意见，对销售人员的服务比较放心，很少重复检查产品的质量	尤其注意服务态度和服务质量，介绍切合消费者实际需要的产品，给出合理的购买建议
健谈型	有广泛的兴趣爱好，侃侃而谈，富有幽默感，喜欢开玩笑，有时甚至谈到忘记购买	语言带有幽默感，针对消费者兴趣进行交谈，注意适时将谈话带回产品的选购中来
反抗型	高度情绪敏感，以怀疑的观点审视一切，对销售人员不信任	不应过多干预其购物过程，用实际操作、演示表达购买建议
傲慢型	傲气十足，喜欢使用命令的口气，对产品和服务要求高，稍不如意容易发生争吵	控制情绪，表达对消费者的尊敬，尽量在赞美、恭维对方后再给出合理的购买建议

二、消费者的购买评价

在收集到足够的产品信息之后，消费者会对这些信息进行分析、对比和评价，提出若干个备选购买方案，并根据自己的购买标准对所有可选择的产品进行比较，以选定最满意的产品。

1. 确定采用的评价指标

评价指标是指产品的一些特征、利益或其他受消费者重视的因素。例如，小刘想购买空调，他关心的是空调的价格、节能效果、静音效果、外观造型和售后服务几大因素，这些就是他的评价指标。

2. 确定各个评价指标的相对重要性

给各个评价指标按重要性程度进行排序，再给各个指标赋予一定的权数，所有指标的权数之和为 100 或 1。单个指标的权数越大表明消费者认为该指标越重要。

3. 对不同产品在具体评价指标上的表现进行判断

消费者对不同产品或购买方案在具体评价指标上的表现进行判断，给出相应的评分，以此计算出每个产品或购买方案的总得分。

例如，想购买空调的小刘通过信息收集，最终决定在海尔、格力、志高和大金这四种品牌中进行选择，根据不同的评价指标他给出了相应的评价值，见表2—6。

表 2—6　　四种品牌空调评价表

评价指标	评价值				
	海尔	格力	志高	大金	权重
价格	3	3	5	1	30
节能效果	4	4	3	5	25
售后服务	5	4	3	4	20
静音效果	4	4	3	5	15
外观造型	4	5	4	4	10
综合得分 Σ得分 × 权重	390	380	370	350	100

注：数值 1～5 表示从最不满意到最满意；表中数值纯属虚构，仅用于学习，与实际情况无关。

从表中可以看出综合得分最高的品牌为海尔，其次为格力，说明它们的各评价指标都比较突出。通过分析，小刘选择购买海尔品牌的空调。

课堂训练

理工大学的王老师准备换台计算机，要知道他家里现在这台计算机还是好几年前买的呢，早就该升级换代了，多打开几个 Word 文档就会死机，严重影响了工作效率。

他找到了学校的计算机专家张老师，问道："张老师，我最近想买台计算机，有没有什么好的推荐啊？"张老师平时对王老师也不是很熟悉，一时也不知道应该推荐什么样的计算机，就问："老王啊，你买计算机主要是什么原因呢？你平时用计算机的用途是什么？"看王老师愣住了，张老师又进一步说："这么说吧，你是计算机坏了想买，还是想升级？是用来办公还是打大型游戏呀？"王老师听了，哈哈大笑，说道："我一个老家伙玩什么游戏啊，以前那台实在太慢，多开几个 Word 文档就罢工了。办公用的，就是备备课，收收邮件，浏览新闻什么的。”张老师给王老师推荐了常见的几个计算机品牌，建议王老师综合价格、配置、服务和外观等因素来考虑。

王老师回到办公室，用网络搜索了很多关于计算机的相关信息，盯着写下的这几个品牌发愁起来，这个是不是太贵了？那个质量好不好？产品的服务到位不到位？思来想去，还是不知道该买什么，后来决定自己去计算机城看看再买。

请思考并回答以下问题：

1. 案例呈现了王老师购买行为的哪几个阶段？王老师的购买评价完成了没有？为什么？

2. 如果你是华海，你将如何辅助王老师这样的消费者完成购买评价？

3. 请将你购买计算机时会考虑的因素至少列举 5 个，并按顺序排列在下面。

消费者在对各备选方案的具体指标进行评价时，不一定都是采取打分的形式，现实中往往只是主观上对其优劣进行大致的排序，其基本原理相同。销售人员应当了解消费者的评价过程，针对性地采取营销策略，达到提高企业营销业绩的目的。

在消费者对产品进行比较、分析的过程中，销售人员可从以下几方面对产品进行介绍：

（1）向消费者提供评价指标。

（2）突出本企业品牌在评价指标上的优点。

（3）针对不同消费者的不同评价指标做好推销设计，对其所重视的属性予以强调，以达到影响其评价的目的。

（4）利用比较法改变消费者的观点。可以比较不同品牌产品的质量、价位，也可以对同品牌不同时期的产品、价格进行对比。

课堂训练

联想集团 2016 年 8 月公布了第一季度业绩，继续获任全球最大的个人计算机厂商品牌。在电子科技品牌竞争如此激烈的情况下，许多国外品牌已经开始采取低价策略，但联想作为国内品牌，价格虽一直偏高，热度却一直居高不下。

思考：假如你是联想计算机柜台的销售员，消费者对你说“别的品牌更便宜”，你如何用比较法改变消费者的观点，说服其购买联想计算机呢？

三、消费者的购买决策

在消费者对各种方案进行充分的比较、评价后，便可以从中选择最优方案，作为实施方案确定下来，这就是购买决策。

1. 消费者决策的原则

（1）满足原则

满足原则是指购买行为发生初期，消费者对购买结果所带来利益的一种预期，分为相对满足原则和预期满足原则。在外界环境因素复杂多变，内在需求冲突较大，货币支付能力有限的情况下，绝对的满足不可能实现，消费者在进行购买决策时，往往会作出相对合理的选择，达到相对满意。

有些消费者在进行购买决策之前，已经预先形成了一定的心理预期，在评价购买方案时，逐一与预先形成的心理预期进行比较，从中选择与预期最相符的产品。

（2）遗憾原则

在购买决策时，充分估计各种方案可能产生的不良后果，比较其轻重程度，从中选择不良后果最小者作为决策方案。

2. 消费者决策的内容

消费者在购买行为中通常需要对以下问题作出决定，即“5W2H”。

（1）购买原因决策（Why）

当消费者存在某种需要时就会产生对某些产品的购买愿望，然而消费者在购买前会有一个反复思维的过程，特别是对于价格昂贵的产品，他们会反复问自己为什么要买这个，不买可以吗，买另一种行吗。许多消费者常在购买原因非常清楚、理由非常充分时才会决定购买。

（2）购买目标决策（What）

消费者明确为什么买后还需要确定买什么的问题，同样的需求可以由不同的产品满足，相同的产品可以有不同品牌、质量、价格的产品选择。

（3）购买地点决策（Where）

是选择离家最近的便利店购买，还是专程到路途较远的大商店购买，这是消费者需要决定的购买地点问题。针对价格高、质量好、但购买困难的产品和价格低、质量一般、但购买便利的产品所作出的购买地点决策显然很难一样。

（4）购买时间决策（When）

购买时间由消费者作出决定，由需求紧迫程度、消费者空闲时间、市场供求状况等因素影响。追求时尚、流行的消费者可能尽快购买，讲究实惠的消费者则会推迟购买。

（5）购买人决策（Who）

消费者要决定由谁去实施购买行为。人们在参与一项购买决策时可能充当以下角色：发起者、影响者、决定者、购买者、使用者。发起者是提议购买的人；影响者的看法或建议会对最终购买有直接或间接的影响；决定者则是下最后购买决定的人；购买者是实际购买的人；使用者则是实际使用产品或劳务的人。例如，家电的购买、车的购买往往由丈夫负责，但妻子也会给予建议；购买价格昂贵、技术含量高的产品则会邀请懂行的人或者技术专家一起参与等。

（6）购买数量决策（How many）

消费者在购买时还要决定购买的数量。容易腐烂变质的产品会采用少数量、高频次的购买数量决策，耐腐的产品则相反；有促销时的购买数量和无促销时的购买数量也不同。

（7）购买价格决策（How much）

通常消费者对产品的价格水平有一个心理价位，当实际价格在心理价位上下浮动时，消费者对这些不同的价格会产生不同的反应。市场产品价格变化以及价格变化的预期会引起消费者不同的购买决策。

课堂训练

玉菲想买一台新的计算机，跟哥哥华海讲了她的想法。华海答应陪她去国美选择计算机。第二天上午，华海与玉菲到了家附近的国美电器店选择计算机。华海推荐玉菲在戴尔、联想品牌之间挑选，因为玉菲跟他说过，她只想日常办公用，价格不要太高，高端品牌就可以排除在外了。导购员小吴很热情地介绍了这两个品牌的计算机配置、性能、外观、价格。一番了解下，玉菲决定在一款戴尔的 15.6 寸屏计算机和一款联想的 14 寸屏计算机中挑选。这两款计算机除了屏幕大小不同，其他配置差不多，价位均在 4 200 元左右。华海建议买小屏幕的，方便携带，但是玉菲想要买大屏幕的，看得舒服。最终，玉菲还是采纳了哥哥的建议，买了联想的 14 寸屏计算机。

请同学们认真阅读案例，找出案例中属于消费者决策的内容。

四、消费者的购后行为

消费者购买过程的最后环节是购后反馈，也就是说在购买了产品之后，整个购买过程并没有结束，而是进入了购后阶段。在此阶段，消费者会使用和消费产品，并且在使用和消费过程中感知到是否满意。另外，当不再使用该产品后，消费者还面临着如何处置产品的问题，这些问题被称为购后行为。

1. 产品的使用

产品的使用是指消费者直接使用产品和享受服务的行为和体验。

多数消费者会使用购买的产品。购买产品就是为了使用或享受，这是最普通的情况。消费者就算出现不甚满意的情况也会继续使用产品，这一点也告诉企业，不要以为消费者对正常使用的产品就没有意见。产品是作为实用品还是心理用途在使用，将指导生产企业对产品设计的改进。产品在使用过程中可能配有其他的互补品，这是企业开拓新市场的重要思路。企业可以通过对购买产品的消费者进行电话回访、问卷调查等方式收集消费者的购后反应，通过反馈，查缺补漏，帮助企业进步。

并非所有卖出去的产品都会被使用，将购买的产品搁置起来不用或使用产品的少部分功能被称为产品闲弃。产品闲弃的原因可能有很多，不管怎样，产品闲弃浪费了消费者的金钱，销售人员也不大可能获得重复销售的机会。为了创造再次消费的可能，销售人员应当努力促使消费者使用购买的产品。

课堂训练

请回忆自己是否有过产品闲弃，列举出来，并讨论、设计促使消费者使用的策略，填写表 2—7。

表 2—7 调查表

被闲弃的产品	闲弃原因	对应策略

2. 产品的处置

购后行为中不可避免地会发生产品的处置问题，当消费者不再使用某一产品时，通常会采取以下几种处置方式，如图 2—4 所示。

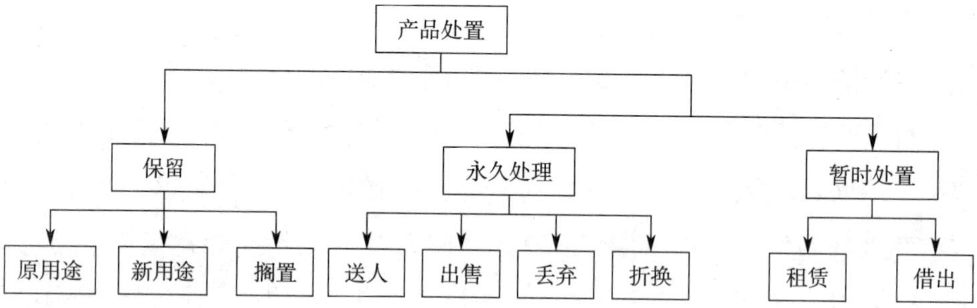

图 2—4 产品处置

消费者在处置产品时经常会选择送人或便宜出售，这就可能会形成一个庞大的旧货市场，无形中也会降低市场对新产品的需求。

3. 消费者的购后感受

消费者满意度是指一个人购买和使用某产品之后通过对该产品的感知效果与其期望值相比较后所形成的愉悦或失望的感觉状态。

消费者在购买、使用产品后，会产生对产品的评价，感觉一定程度的满意或不满意，进而产生一些具体的购后行为。

课堂训练

请思考，用“<”“=”“>”填空，并说说消费者在满意和不满意的情况下，分别会采取哪些购后行为？

消费者实际感知的产品功效　期望水平 = 很满意

消费者实际感知的产品功效　期望水平 = 基本满意

消费者实际感知的产品功效　期望水平 = 不满意

满意的消费者会：

不满意的消费者会：

遇到消费者产生购买不满意体验时很容易发生购后冲突。

如果可供选择的产品之间有较大差异，则消费者需要在多个备选品中作出选择。一旦购买，消费者可能会想：我的选择是否最佳。尤其是面对价格较高的耐用品，这类想法更为常见。这种对购买的怀疑和焦虑就叫购后冲突。

课堂训练

请列举消费者不满意对企业带来不利后果的几个实例。

4. 应对购后冲突的策略

消费者产生购后冲突时，往往自己会采取一些措施来减少对购买的怀疑和焦虑：增加对所购品牌的欲求感，减少对放弃品牌的欲求感，降低购买决策的重要性，改变购买决策（退货）。

针对消费者的购后心理失衡，销售人员一方面必须设法将消费者的不满降至最低水平；另一方面，一旦发生不满，销售人员就应采取有效的补救措施。往往消费者不满意的第一反应就是向销售人员抱怨或投诉，企业处理好消费者的抱怨和投诉就成了应对购后冲突的重要措施。具体措施如下：

（1）利用广告

利用广告来增强已经购买产品的消费者继续购买的信心，有助于培养消费者对所选品牌的信心，提高企业的后续业绩。

（2）利用电话

利用电话不仅可以了解消费者产品使用状况，确保消费者没有遇到产品问题，还可以减少消费者的购后心理失衡。

（3）利用邮寄资料

对大宗耐用品可以寄一些资料给近期购买者，这些资料不是为了获得重复购买，更多地用于证实消费者购买的正确性，减少购后冲突。

课堂训练

请进行小组讨论，完成表 2—8 的填写并交流。

表 2—8　　小组讨论表

处理消费者抱怨和投诉的策略	
策略	具体操作
影响消费者的期望水平	
使消费者能投诉	
迅速对投诉作出反馈	
解决问题优于查找责任	

思考与练习

一、分组实训

任务单

任务名称	消费者购买行为分析实训	组长		组员	
任务描述	根据消费者购买行为的体现，分析销售人员在这一过程中的营销技巧并加以致用				
任务准备	1. 组长带领组员复习本模块 2. 每个小组针对消费者如何进行购买评价—购买决策—购买反馈这个过程，分析销售人员在这个过程中的营销技巧，并记录下来				

续表

<table>
<tr><td>任务实施</td><td colspan="5">1. 建议 4～8 人为一个小组，选择一个具体产品，开展跟踪调查，期间可自行扮演消费者角色
2. 为期一个星期，选取销售该产品的门店进行调查，看看门店采用了哪些营销技巧影响消费者的购买评价、购买决策，如何处理购后冲突
3. 分组陈述、交流，列出影响购买行为的营销技巧</td></tr>
<tr><td>任务记录</td><td colspan="5"></td></tr>
<tr><td rowspan="3">任务评价</td><td>评价项目</td><td colspan="4">消费者购买行为分析实训</td></tr>
<tr><td>评价指标</td><td>正确恰当
（6 分）</td><td>较为准确
（5 分）</td><td>能够完成
（3 分）</td><td>需要帮助
（2 分）</td></tr>
<tr><td>评价</td><td></td><td></td><td></td><td></td></tr>
</table>

二、案例分析

王老先生走进一家旅行社想咨询旅游的事项，销售员跟王老先生沟通中得知，后天就是王老先生与太太结婚三十周年的纪念日，想做件有意义的事纪念一下。于是销售员根据王老先生的情况，推荐了两条经典的短途旅游路线。王老先生觉得价格合适，各方面都满意，想回去跟太太商讨，看下她更喜欢哪一条路线。王老先生答应晚上再过来付订金后，拿着旅行社的路线宣传单兴冲冲地往家里赶。但他经过一家影楼时，突然止住了步伐，他看到影楼里有一对老年夫妇在拍婚纱照，他们身着婚纱礼服，情意绵绵，相依相随，那种安然自得的默契与和谐，使得王老先生回忆起当年与太太结婚时由于经济条件、环境所限，只是象征性地吃了一顿饭。结婚没留下美好的见证一直是王老先生的遗憾，于是他抬脚进入了影楼。

销售员阿芬很热情地迎过来，跟王老先生沟通后也得知后天是王老先生的结婚纪念日。阿芬笑着向王老先生提前祝贺，并说："王先生，您看，婚纱照是结婚时最美好的回忆，您结婚时没拍实在是太遗憾了，相信您的太太也会感觉非常遗憾。不过没关系，现在正流行补拍，对面的一对老夫妇也在补拍他们的婚纱照来弥补遗憾，您看他们显得多么幸福呀！既然王老先生您都来了，相信也是想在后天那么重要的日子里圆您跟太太的一个婚礼梦吧，对吗？"王老先生听了非常心动，想着后天的日子就要来临，去旅游太仓促了，而且什么时候去都可以，但婚纱照却是在结婚纪念日拍才有意义，并且能留作一生的回忆。于是答应交订金、商议路线的事已通通抛之脑后，并且在影楼里选了最贵的婚纱照套系交费了，原因是销售员跟他说对面的老夫妇也是选择这个套系，有更多的礼服、头饰、场景可以选择，拍起来更显格调；同时销售员阿芬答应会向公司申请在结婚纪念日那天送给王太太 99 朵玫瑰。王老先生对此感觉非常满意。

阅读案例，请回答以下问题：

1. 王老先生刚开始想选择旅游度过结婚纪念日的购买动机是什么？

2. 什么原因诱导了王老先生最终选择了拍婚纱照而不是去旅游？

3. 销售员阿芬具体运用了哪些诱导购买动机的方法？

4. 为什么王老先生会选择价格贵的婚纱照套系，是出于什么样的购买动机？

三、情景模拟

1. 请一部分同学扮演客户，一部分同学扮演销售员，产品自选，模拟销售情景。

要求：模拟从客户进入门店到离开门店的整个环节。

观察、讨论并回答以下问题：

（1）每位客户的购买动机是什么？

（2）每位客户按购买行为分类分别属于什么类型的客户？

（3）销售员用了哪些方式促使成交？

（4）销售不成功的原因是什么？

2. 模拟购买后消费者的反应环节，角色分别为满意的客户、不满意的客户、销售员。

要求：扮演销售员的同学分别要面临客户的满意及不满意的情况，根据实际情况作出相应回复或措施。

观察、讨论并回答以下问题：

扮演销售员角色的同学面临购后冲突时采取了哪些解决的办法？

模块三 不同营销场景下的消费心理及行为分析

学习目标

1. 能根据消费者不同的心理及行为进行实体店铺的选址和门面装潢的分析
2. 能针对内部环境对消费心理的影响进行分析
3. 能针对网络消费者的购买心理及行为进行分析
4. 能根据消费者网络消费心理及行为制定引导策略

课题 1　传统营销环境下的消费心理及行为分析

案例导入：

华海想跟朋友合伙开一间礼品店，但在几个备选门面中举棋不定。一天他听玉菲说："选铺跟着麦当劳，人流客流肯定好！"近期他研究了一下麦当劳的选址，发现麦当劳几乎都是建在大型商业设施旁边，没有看出大的门道。于是他去找玉菲问她的看法。

玉菲告诉华海，麦当劳开店前首先要进行市场调查和资料信息的收集，包括人口、经济水平、消费能力、发展规模和潜力、收入水平，还要研究商圈等级、发展机会及成长空间等。因为人们选择快餐往往是顺便而就，很少专门计划去某快餐店就餐。麦当劳熟知消费者这一心理，把店址选在大型商业设施旁边，在弥补大型商业设施餐饮功能不足的同时，与其共同形成了对消费者更强的吸引力。

在选址时，麦当劳还要对不同商圈中的物业进行评估，包括人流测试、消费者能力对比、可见度和方便性的考量等，以选择最佳的位置。在了解市场价格、面积划分、工程物业配套条件及权属性质等方面的基础上再进行营业额预估和财务分析，最终确定该位置是否有能力开设一家麦当劳餐厅。

华海听完玉菲的分析，才知道选址原来有这么多的门道，立刻约上合伙人进行认真研究。

请思考并回答以下问题：

1. 请归纳出麦当劳的店铺选址规则。
2. 麦当劳的选址是适应消费者什么样的心理？
3. 请为华海的礼品店选址列出主要需调查的因素。

一、消费心理及行为与营销外部环境

1. 实体店铺的选址心理分析

实体店铺的选址是从市场营销的角度出发，遵循消费者需求和商业环境的利益关系进行布局安排。它与消费者的购买心理密切相关，对店铺的经营会产生重要的影响。为了实现企业经营目标，在实体店铺的选址上需要全面考虑所选定的区域、经营的产品品类、商场类型等方面。

（1）区域选址

实体店铺选址需要充分了解这一区域的消费者情况，考虑人口因素、地理环境因素和地段因素，掌握消费者的消费心理。

1）卖场积聚效应心理。实体店铺选址首先要了解所在区域的人口密度，判断消费者数量是否能够足以形成规模性的目标消费群，在商店数量较多的商业街区，由于商家聚集，容易造就一个规模较大的消费者群体，在商业经营中具有明显的“马太效应”。“马太效应”是指好的越好，坏的越坏，多的越多，少的越少的一种现象，消费者在一处购物后可能同时会在附近的营业场所停留、游览和观光，并可能产生购买行为。很多消费者有着浓厚的从众心理，人越多，认为产品越吸引人，购买兴趣就越高。环境形成“马太效应”的条件，一般是这些营业单位的地理位置接近、营业性质比较接近或者相互兼容，消费者才有可能在这个营业圈内保持持续的购买动机。所以，人口密集、商家聚集，是设置实体店铺理想的区域。

2）购买方便性心理。购买的方便性主要取决于店铺的地理位置和交通条件。公共交通条件的便利性是影响营业环境重要的外部因素，与消费者的地理位置距离也是不可忽视的重要外部因素。交通条件与地理位置越方便，消费者购买产品就越方便，就越能提高消费者的购买欲望；交通条件与地理位置越差，造成消费者购买产品的难度越大，就会降低消费者的购买欲望。因此，选址要选地理条件较好、交通比较便捷、进出道路较为畅通、产品运输安全省时的地方。

3）最佳地段心理。一般而言，在一条商业街内其两端购物的人群要明显少于中间地段。因此选址时，应尽量选择位于商业街居中位置的地址。

课堂训练

同学们，你们所在的城市有没有类似于北京“王府井大街”的商业街？请观察并分析消费者停留的热点区域。

（2）产品选择

实体店铺选址除了考虑地理位置、交通条件等因素外，还需要分析产品性质、消费者消费能力等特点，准确选择面向目标区域消费者的产品种类或产品价格定位。

1）产品性质与消费心理。产品性质与人们的消费心理密切相关，店铺选址需充分考虑这个方面。销售日常生活用品的店铺应选在靠近居民区的地段，以方便居民日常购物需要；高端消费品，如黄金饰品等贵重物品应设在与高档店铺相邻的地段，以适应消费者购买高档物品时对店铺档次、信誉、外部环境的心理要求。

2）产品价格与消费心理。产品价格的高低与周围居民的消费品位、收入水平有直接的关系，需要根据消费者对产品价格的心理需求选择店址。高档文化艺术类产品、豪华性消费品的店铺应开设在高收入消费者生活区或高档消费品店铺较多的商业街。

3）消费习俗与消费心理。消费习俗是基于习惯心理的经常性消费行为。消费习俗具有群众性，一种消费习俗如果适合大多数人的心理和条件，就会迅速、广泛地普及，成为大多数人的消费习俗。如人们对某一消费品产生兴趣，进行购买，感到满意，就会逐步形成习惯性的兴趣、购买和满意。实体店铺选址根据产品的特性，需要考虑消费者消费习俗的不同，因地而异，入乡随俗。

课堂训练

在广州，有享有“婚纱一条街”之称的江南大道北；在重庆，有享有“酒吧一条街”之称的渝中区较场口；在上海，有位于威海路的汽配一条街，位于长乐路和茂名路的旗袍一条街等。说一说在你的城市有没有这样的地方，这些“一条街”反映了怎样的消费者心理？

（3）商业类型

在商业发达的城市，消费者购物除了考虑产品因素外，商业类型往往也是重要的考虑因素，可以从以下几个方面进行考虑：

1）业态分布与消费心理。业态是零售店向确定的消费者群提供确定的产品和服务的具体形态，是零售活动的具体形式。通俗理解，业态就是指零售店卖给谁、卖什么和如何卖的具体经营形式。必须依据消费者对不同业态的心理需求来选择店址。小型超市应靠近居民区，以居民区的常住居民为主要消费者群，并与大型商超保持一定距离，一般选址应距离大型商超 1 千米范围以外，这一距离可使小型超市处于对手边际商业圈以外；仓储式会员店应优先考虑交通方便，一般选址在城乡接合部、交通要道，目标消费者以中小型零售商、餐饮店、集团购买者和有交通工具的消费者为主，因为它可以低价吸引消费者。

2）竞争环境与消费心理。店铺周围的竞争环境是影响消费者心理的重要因素。店铺选址需要考虑所选位置周边的业种、业态分布或与其周围的其他产品类型可以相协同，或能与目前存在的店铺配套互补，或店铺在此选址区域有鲜明的特色等。一些同类的小型专业化商店接壤设店，形成规模化或形成特色商业街，满足消费者到特定商业街购物时持有的特定心理预期。

成都锦里商业休闲街，是通过文化加商业的模式打造的特色街。锦里曾经只是武侯祠附近的一块荒地，后来找准定位，开创先进运营模式，逐渐转变为中国仿古商业街的典范。锦里商业休闲街分为餐饮娱乐区、锦绣文化区、民俗市井区 3 个主题区域，既坚持了特色业态，又辅以其他业态，避免了相同业态过于集中带来的消费疲劳，使消费者在体验文化的同时进行消费。锦里的成功，在于文化构筑与商业运作的完美结合上。

3）配套场所与消费心理。店铺除了要满足消费者的购买需求外，还需要按照消费者的相关需求增加配套服务，因此店铺在选址的同时还需要考虑配套服务的场所。例如，仓储式会员店一般需要配套面积与营业场所 1：1 比例的停车场，以方便进货商与消费者大批量购物的用车停放。

课堂训练

卖场的环境对你购物有什么影响？你对去过的店铺哪个印象最深刻，其特点是什么？

2. 实体店铺的门面装潢心理分析

门面装潢就是店铺的脸面，美观的门面装潢会让消费者产生一个良好的印象，增加消费者对店铺的好感与信任度。

（1）店面色彩

店面装潢的色彩处理，对展现店铺门面的造型效果起着重要作用。装潢应充分运用色彩的对比与和谐，创造较理想的视觉效果。店面的色彩和质感应与产品色彩相呼应。例如，古玩店面的色彩通常采用沉稳的暗色，塑料制品和玩具用品店面的色彩通常较为鲜艳。店面和室内装修设计的色调起到陪衬作用，应尽量突出产品的色彩，以吸引消费者。

（2）招牌

招牌是指挂在店铺门前作为标志的牌子，主要用来指示店铺的名称和标识，也称为店标。

1）招牌位置。一般情况下，店铺招牌的位置设置有三种方式。店铺招牌设置在店面正上方平行位置的称为平行放置，店铺招牌与店面垂直而立于侧面的称为垂直放置，店铺招牌悬挂在零售店正面与侧面墙上的称为纵横放置。如果零售店处于交叉路口，最好每侧上方均安置有招牌，使来自不同方向的行人均能从远处看到。有些店铺招牌被设计成两面或三面的，就是为了便于被不同方向迎面而来的行人看到。

课堂训练

上图属于招牌设置位置的哪种方式？请大家再收集其他两种招牌设置方式的图片进行交流。

2）招牌造型。店铺造型应具有鲜明特点，能明显地反映店铺的经营风格，使人在远处就可以看到前面是什么类型的商店，标识更加明显。

3）招牌色彩。招牌色彩在客观上起着吸引消费者的作用，因为人们总是先从视觉上感受色彩，再过渡到内容上的。在晚间，霓虹灯和日光灯招牌能使店铺明亮醒目，增加店铺在晚间的可见度。同时，这些招牌能营造出热闹和欢快的气氛。霓虹灯和日光灯招牌可设计成各种形状，采用多种颜色。灯光巧妙地变换和闪烁能产生一种动态的感觉，比起一成不变的静态灯光来说，这种灯光更能活跃气氛，更富有吸引力。

4）招牌内容。招牌内容的表达要做到简洁突出。简明扼要的招牌不但令消费者过目不忘，还能达到良好的交流目的。为达到最有效的传达效果，招牌上字的大小应适度，色彩应醒目易识别，要考虑中远距离的传达效果，使其具有良好的可视性和传播性。

（3）橱窗设计

在“眼球经济”的推动下，橱窗成为店铺营销的一种重要手段。橱窗是艺术和营销的结合体，它是店铺与消费者进行心理沟通、促进销售，传播品牌文化的桥梁。为了实现营销目标，陈列师通过对橱窗中服装、模特、道具以及背景广告的组织和摆放，来达到吸引消费者、激发消费者购买欲望和实现销售的目的。橱窗可以反映一个品牌的个性、风格和对文化的理解，是一个非常好的传播工具。

1）橱窗设计类型。按橱窗位置分布划分，橱窗设计类型包括店头橱窗和店内橱窗；按橱窗装修形式划分，橱窗设计类型包括通透式（见图 3—1）、半通透式和封闭式；按橱窗构成元素划分，每个橱窗根据设计需要的不同，通常会采用不同的构成元素，最常见的有模特、服装、道具、背景、灯光几种元素。

图 3—1　通透式橱窗设计类型

2）橱窗设计思路。为充分表达店铺营销的思想和品牌文化，橱窗的设计思路呈现各种不同的风格。第一种是传递销售信息的橱窗设计思路（见图 3—2），设计中比较强调销售的信息，采用比较直接的营销策略，除了产品的陈列外，还会布置一些销售海报，追求立竿见影的效果，让消费者看了以后可以马上进店。一般来说，这种设计思路适应对价格比较敏感的消费者，以及中低价位的产品品牌，或需要在短时间内达到营销效果的活动，如打折、新货上市、节日促销等活动。

第二种是强调品牌文化的橱窗设计思路（见图 3—3），强调把品牌概念留在消费者的头脑中，追求一种日积月累的宣传效应。橱窗除了产品以外，其他商业信息比较少，更多呈现的是艺术的感觉，传递信息的手法比较间接，格调也比较高雅，消费者看了橱窗后可能当时不一定进店，但可能成为潜在的消费者。

图 3—2　传递销售信息的橱窗设计思路

图 3—3　强调品牌文化的橱窗设计思路

二、消费心理及行为与营销内部环境

1. 消费者对营销场所的心理要求

消费者对营销场所的心理要求主要针对营销场所内部环境的总体布局、店铺陈列的整体布局、产品的摆放位置是否达到了最佳效果，是否能便利而通畅地引导消费者到达店面的每个角落、接触所有的产品，是否使店面空间得到最有效的利用，是否保障消费者购物的便利性等。总体布局的原则是视觉流畅、空间感舒畅、购物方便、标识清楚、布局具有美感。

2. 消费者对产品陈列的心理要求

产品陈列是指柜台及货架上产品摆放的位置、搭配及整体表现形式。产品陈列是店铺整体布局设计的核心内容，是吸引消费者关注、产生购买的主要因素。合理地陈列产品可以起到展示产品、刺激销售、方便购买、节约空间、美化购物环境的作用。产品陈列本着安全、易观看、易选择、易取易放的原则进行，最终达到令消费者感觉良好的目的。陈设要具有新鲜感，符合季节变化，用不同的促销活动创造出富于变化的卖场布置，通过照明、音乐来渲染购物氛围，演绎使用产品的实际生活场景。

产品陈列的方法有以下几种：

（1）主题陈列

主题陈列（见图3—4）是产品陈列中常见的陈列方法，一般主题需经常变换，以适应季节或特殊事件的需要。主题陈列能为店铺营造独特的气氛，吸引消费者的注意力，进而起到促销产品的作用。

图3—4　主题陈列

（2）整体陈列

整体陈列（见图3—5）是将整套产品完整地向消费者展示的陈列方法。例如将全套服饰作为一个整体，用人体模特从头至脚完整地进行搭配陈列。整体陈列能帮助消费者作整体设想，方便消费者购买，有利于增加相关产品的销售量。

图3—5　整体陈列

（3）整齐陈列

整齐陈列（见图 3—6）是将产品整齐地排列，突出产品的量感，从而给消费者一种视觉刺激的陈列方法。整齐陈列的产品通常是店铺想大量推销给消费者的产品，或因季节性因素消费者购买量大、购买频率高的产品等。

图 3—6　整齐陈列

（4）随机陈列

随机陈列（见图 3—7）是将产品随机进行堆积的陈列方法。它主要适用于陈列促销的产品，是为了给消费者一种“促销品即为有折扣产品”的印象。采用随机陈列法所使用的陈列用具，一般是圆形或四角形的桌子或网状框，通常还有表示特价销售的提示牌。

图 3—7　随机陈列

（5）盘式陈列

盘式陈列（见图 3—8）实际上是整齐陈列的变化，表现的也是产品的量感，一般为单款式多件有序地堆积排列，这样可以加快产品的陈列速度，也在一定程度上提示消费者可以成批购买。

图 3—8 盘式陈列

（6）定位陈列

定位陈列（见图 3—9）是指某些产品一经确定了陈列位置后，一般不再变动的陈列方法。定位陈列的产品通常是知名度高的名牌产品，这些产品的购买频率高、购买量大，所以需要对这些产品给予固定的位置来陈列，以方便消费者，尤其是老客户购买。

图 3—9 定位陈列

（7）关联陈列

关联陈列（见图3—10）是指将不同种类但相互补充的产品陈列在一起的陈列方法。运用产品之间的互补性，可以使消费者在购买某产品后，也顺便购买旁边的产品。关联陈列既可以使店铺的整体陈列多样化，又增加了消费者购买产品的概率。关联陈列的原则是产品必须互补，要打破产品品类间的界限，满足消费者的实际需求。

图3—10　关联陈列

（8）比较陈列

比较陈列（见图3—11）是将相同产品按不同规格和数量予以分类，然后陈列在一起的陈列方法。它利用不同规格、包装的产品之间价格或质量等其他因素上的差异来刺激消费者的购买欲望，促使其因比较而作出购买决策。

图3—11　比较陈列

（9）分类陈列

分类陈列（见图 3—12）是指根据产品质量、性能、特点和使用对象进行分类，向消费者展示的陈列方法。它可以方便消费者在不同的花色、质量、价格之间挑选比较。

图 3—12　分类陈列

（10）岛式陈列

岛式陈列（见图 3—13）是指店铺不设置中央陈列架，而配置特殊展台的陈列方式。它可以使消费者从四个方向观看到陈列的产品。岛式陈列的用具较多，常用的有平台或大型的网状筐等。

图 3—13　岛式陈列

课堂训练

请大家收集不同产品陈列方式的图片进行交流。

3. 消费者对购物场所微环境的心理要求

购物场所微环境一般是指购物场所的声音、光线、温度、湿度和色彩，这些微环境因素对消费者心理都会产生一定的影响。

（1）声音对消费心理的影响

声音是最富有侵略性的一种力量，心理学研究表明，声音传入大脑中枢神经，能够极大地调动人的情绪。对于不喜欢的图像，人们可以选择转头或闭眼不看，但无论喜欢与否，人们都无法漠视声音的存在。声音直接与人们的情绪对话，影响着人们的情绪状态。

购物场所播放的音乐会引起消费者的听觉共鸣，这种共鸣进一步引发情绪共振。而情绪将会决定消费者买或不买、买多买少、买好买坏，甚至影响到消费者是否还会再次购买。

一般来说，购物场所为调动消费者的情绪，会播放能促使消费者购买的主题音乐。音乐要针对其目标客户群的情绪特征来处理：一方面，音乐要将购买情境与周围环境进行一个区分，营造出一种购物的情绪环境；另一方面，音乐可以消除、消化掉其他的噪声，将自己独特的文化植入消费者心中。

星巴克就把它所提供的背景音乐上升到一种“听觉艺术”的高度。在星巴克店中，统一播放精选的美国爵士音乐。通过背景音乐，星巴克把不同的店串联起来，让消费者进入不同的星巴克店，都能听到熟悉的音乐。这使得消费者对星巴克的记忆方式，除了绿色美人鱼标记外又多了一种——美国爵士乐。这对于听觉型的人来说会更加印象深刻。

在背景音乐的选择上，需要坚持独特的风格：一方面，尽量选择目标客户群喜欢、接受的音乐，延长消费者逗留的时间，达成更多交易；另一方面，这种风格又是方便记忆的，让消费者产生相关联的想象，同时又能将自己与竞争对手区别开来。例如，上述例子中星巴克将目标客户群定位在有品位的群体上，所以它选择了美国爵士乐作为背景音乐。

（2）光线对消费心理的影响

据调查，视觉刺激对人的情绪影响程度达到 80% 以上。因此，处在不同的光线环境中，人的情绪会发生微妙且情不自禁的变化。

通过光线可以营造一种让消费者流连忘返、不断进行消费的氛围。传统的店铺陈列中，灯光通常是直接射在产品上，这是一种较为明显的心理暗示，让消费者注意到这些产品。改变灯光，可以改变对消费者的心理暗示。若灯光不是直接射在产品上的，则是在营造一种消费的环境、氛围，营造出舞台效果，在这个舞台上，消费者是主角，而销售人员是剧本的一部分。

（3）温度对消费心理的影响

温度受到季节和客流量变化的影响，过高和过低都会造成对消费者情绪的直接影响。为营造一个舒适的购物环境，购物场所一般通过冷暖空调对温度进行调节来满足消费者生理上的需求，同时可以增加消费者在购物场所的停留时间。

（4）湿度对消费心理的影响

湿度是空气中水分含量的指标。湿度与季节和地区有密切的关系，南方地区春、夏季气候比较潮湿，气温也相对较高。潮湿的空气会让消费者感觉非常不舒服，购物场所的环境也变得潮湿，而潮湿不利于产品的保存且会降低购物场所的安全性。北方地区冬季气候干燥，需要给空气中增加水分以提高舒适感。购物场所良好的湿度控制可以让消费者产生良好的身体感受从而调动起愉悦的情绪。

（5）色彩对消费心理的影响

心理学家研究发现，人们在看到不同颜色的时候，会自然联想到一些不同的东西，由此，造成了人们对不同色彩的感觉，如冷暖、远近、轻重和大小等。这些由色彩导致的心理错觉，再通过人的联想产生一系列心理效应，从而影响了人们的情绪及心理。色彩在店铺装饰中起着改变或创造某种格调的作用，具有表现性格、调节光线、调整空间、配合活动及适应气候等诸多功能，是营造气氛和表达品牌文化内涵的重要因素。

课堂训练

受消费者欢迎的购物场所吸引消费者的因素有哪些？促进消费者购买行为的原因是什么？

课题 2　网络营销场景下的消费心理及行为分析

案例导入：

玉菲平时喜欢通过浏览购物网站了解产品信息，也经常网购，最经常买的是衣服，还有书、首饰、鞋子、玩具等，基本上生活日常用品她都在网上买。虽然她网购经验充足，但总难免会买到介绍与实物不符的产品。玉菲有一次就买了一件价格相对便宜的衣服，本以为是捡到便宜了，谁知道收到衣服后却发现衣服与网上看到的描述信息并不相符。于是玉菲马上联系卖家，但经过多次沟通，卖家仍然坚持货品没有问题，无奈之下，玉菲只能自己付了邮费退了衣服。本以为经过这次之后玉菲会减少网购次数了，谁知道她还是一如既往地浏览相关网站搜寻打折优惠信息，一点儿都没有受这件事情的影响，原因是网上产品多，不像逛街那么累，送货上门也方便，最主要的是便宜。

请思考并回答以下问题：

1. 请列出玉菲喜欢网购的心理原因。
2. 请说出一般网购的步骤。
3. 请写下自己网购的原因及喜欢购买的产品类型。

一、消费者网络消费心理特征

互联网发展日新月异，选择网络购物已经成为很多消费者的行为习惯，一般选择网络购物的人群具有如下心理特征：

1. 追求个性化的心理

网络购物以年轻化、知识化的消费者群体为主，他们在购物消费的同时也在追求较高层次的心理需求满足，更加重视产品的象征意义，注重通过消费来获取精神的愉悦、舒适及心理的优越感。这种个性消费趋势的出现，标志着感性与理性结合的信息时代新消费主义的到来。信息时代新消费主义者所注重的不仅是消费的数量和质量，而且也注重消费与自身形象和个性关系的密切程度，购买的往往是经过理性判断并心理认同的个性化产品，乃至要求完全个性化的定制服务。

2. 追求便捷化的心理

互联网的兴起造就了新的工作和生活方式，也造就了一批新消费主义群体。这一群体消费者可以利用互联网了解世界各地任何一种产品和服务的信息，要求生产者和供应商以最便捷的方式满足他们的各种需求：不用离开办公室或住所就可以找到有关公司、产品、价格、竞争者等方面的可比信息；不必排队等候，无论身处何地都可以 24 小时订购产品；不用到银行取现金，通过网上支付平台直接付款即可。而在“互联网 +”的作用下，许多线下服务也可以通过线上进行选择、预约，让消费者在家即可享受服务。例如，通过美甲服务的客户端，消费者可以选择美甲师上门做美甲；通过餐饮服务的客户端，消费者可以在家享受大厨烧制的一顿美餐等。

3. 追求互动性的心理

随着 QQ、微信、直播等移动互联网交互平台的应用以及交互技术的快速发展，网络购物的互动性已经大大增强。网络购物的互动性，一方面让供应商充分地了解并更好地满足消费者的个性化需求，同时也让品牌和产品信息传播有了更为多样化的途径。近几年兴起的产品消费点评网也是以互动信息为主体，消费者可将自己的消费感受（不管是正面的还是负面的）与感兴趣者进行分享，而且还逐渐形成了一些消费偏好群组，极大地提高了网络购物的互动性。

4. 追求实惠的心理

价格是影响消费心理的一个重要因素，即使销售人员倾向于以其他营销差别来降低消费者对价格的敏感度，但价格对消费者来说始终是最敏感的因素。消费者在追求物有所值的同时，也寻觅物美价廉

的产品。网上商店相比传统商店，消费者能够更为便捷地对产品的功能、外观、价格等信息进行筛选、重组、比较，从而选择质优价廉的产品。另外，消费者与厂家、商家的互动意识也在增强。传统的商业流通渠道由生产者、商业机构和消费者组成，其中商业机构起着重要的作用，生产者不能直接了解市场，消费者也不能直接向生产者表达自己的消费需求。而在网络环境下，消费者能直接参与到生产和流通中来，与生产者直接进行沟通，减少了市场的不确定性。

5. 理性务实的心理

网络消费者大都为年轻人，对于网络上的产品具有较强的分析能力，网络购物的目的性相对较强。在购买产品时，网络消费者会反复思考、互相比较，对于想要购买的产品具有一定的了解能力，通过研究之后，才会进行购买，购物比较理智，很难受到外界其他因素的影响。同时，他们对产品的质量和售后服务也比较重视。网络消费者购物以中档产品和大众产品为主，并且对该类产品的需求量相对较大，理性务实的心理比较突出。

6. 注重隐私的心理

网络购物时，消费者是在一个独立自由的环境中进行查看、挑选，相较于传统店铺，网络购物更可以满足消费者注重隐私的心理。

课堂训练

请一位同学来说说最近网购了什么产品，大家来分析该同学的网络购物符合以上哪种（些）心理？

二、消费者网络消费的影响因素

消费者对网络购物时的感知比较复杂，影响消费者网络消费的因素也比较多。

1. 价格

消费者在互联网上容易查找产品、对比价格，因此，网络商家在制定价格时要从消费者角度考虑，不断地调整价格策略，满足消费者求实惠的心理。通常在大范围的比价中，价格中间区是消费者最愿意选择的区间。

2. 质量及售后服务

网上购买产品的质量好坏是影响消费者是否选择网络购物的一个重要因素。由于网上产品的质量通常只能通过图片及商家的介绍来加以了解，消费者无法直观地感受到产品质量的好坏，再加上网络上确实存在不少假冒伪劣产品，使消费者对网络销售的产品没有信心，觉得质量不能保证，导致消费者不愿意通过网络来购物。

网络购物的售后服务问题也是阻碍消费者网络购物的重要原因。通过网络购买的产品一旦出现问题，很多商家采用的方法是寄回维修，有的消费者认为这种方式费时费力，不如在商场购买退换方便，因此不选择网络购物。也有不良网络商家存在欺诈行为，出现问题之后不回复、不解决，消费者投诉无门。这样一来，很多消费者对网络购物失去信心，认为网络购物质量和售后服务都没有保障。

网络商家针对这些问题，应该诚信经营，杜绝欺诈行为，努力做好售后服务工作，网络平台也应做好监督和管理工作，各方共同努力，建立一个有信誉、有诚信的网络购物环境，吸引更多消费者参与网络购物。

3. 网络购物的安全性

网络购物的安全性是消费者最关心的问题。消费者的个人信息，包括姓名、住址、电话、身份证信息和账户信息等都要提供给购物平台及商家，因此，消费者担心它们能否保证这些信息的安全。针对消费者这一心理，网络商家及网络购物平台应建立安全的购物环境，使消费者可以放心地进行网络购物。

4. 物流配送

网络购物存在地域问题，产品依靠物流快递配送，能否及时、安全、准确地将货物送到消费者手中，是决定消费者是否选择网络购物的重要因素。

课堂训练

请网络搜索购物网站“211 限时达”“极速达”“京准达”“夜间配”等时效服务，说说它们在物流配送服务方面的特点。

三、消费者网络消费的引导策略

1. 促销策略

促销是常见的销售策略。网络促销是将网络和传统零售业优势结合在一起的组合销售策略，它利用各种信息传播手段刺激消费者购买欲望，促进产品销售，实现营销目标。网络促销形式见表 3—1。

表 3—1　网络促销形式

网络促销形式	适用情景
折价促销	折价也称打折、折扣，是网络促销中最常用的一种促销形式。幅度比较大的折扣容易引起消费者的注意，可以促进消费者进行网络购物。定期的打折促销有利于培养和留住既有消费群
赠品促销	赠品促销是网络促销中广泛采用的一种形式。一般情况下，在新产品推出试用、产品更新、对抗竞争品牌、开辟新市场时利用赠品促销可以达到较好的促销效果。赠品促销可以提升品牌和网站的知名度，鼓励人们经常访问网站以获得更多优惠信息，能根据消费者索取赠品的热情程度总结、分析营销效果和产品本身的反应情况等
抽奖促销	抽奖促销是大部分网络商家乐意采用的促销方式。抽奖促销是以一个人或数人获得超出参加活动成本的奖品为手段进行产品或服务的促销。抽奖促销主要附加于市场调查、产品销售、扩大用户群、推广某项活动等。消费者通过填写问卷、注册会员、购买产品或参加网上活动等方式获得抽奖机会
积分促销	积分促销在网络上的应用比起传统营销方式要简单和易操作。积分促销一般设置价值较高的奖品，消费者通过多次购买或多次参加某项活动来增加积分以获得奖品。积分促销可以增加消费者访问网站和参与某项活动的次数，增加消费者对网站的忠诚度，提高活动的知名度等

2. 便利购买策略

网络商家要始终从客户的角度出发，考虑能为消费者提供什么样的服务，能给消费者带来什么样的利益等。只有为消费者带来利益和便利，他们才会接受商家提供的服务。

（1）支付的便利性

移动时代颠覆了桌面互联网时代的生活方式，创造了新的信息传播模式和商业模式。以移动支付为基础，新的业态开始不断产生。新业态产生的基础是移动支付。移动支付带来的不仅是便利和效率，更重要的是移动支付带来的数据化，能够更好地连接商家和用户，有助于商家更精准地研发产品、设计营销策略。

（2）物流配送的快捷性

物流是网络购物流程不可缺少的环节，也是最重要的环节，是满足消费者服务的根本保证。网络购物的基本理念以及关键核心就是“以消费者为中心”，而达到该理念的核心保证是物流配送。

在物流服务中，商家需要建立快速反应机制，随时掌握物流信息。对产品的采购、入库、库存、出库和物流信息等进行实时信息联动。其中库存信息的及时更新，有利于减少退换货、退单等情况的发生，订单信息的快速上传和打印，有利于加快发货速度，提高消费者的购物体验，取得消费者的依赖。

课堂训练

调查一下同学们购买产品通常使用哪些支付方式，物流时间能接受的时限是多少天。

3. 信用策略

目前国内的购物网站大部分交易平台未建立个人信用体系，网络交易只有通过实名才能确定交易双方的身份，信用风险难以控制。为降低信用风险，一方面要加强国内消费者的信用意识，即使用真实资料在网站登记；另一方面，制定一个从技术、管理、法规等多方面完善的信用体系，保障交易各方的利益。例如，阿里巴巴的芝麻信用、京东的小白信用等。交易双方完成交易后，对交易过程中的服务、产品质量、快递物流、售后服务等进行全面的评价。获得好评的商家得到信用加分，等级提升，收到差评的商家会被减分，多次之后甚至被关店。消费者在对产品的判断不太明确时就会翻看其他消费者对产品或卖家的评价记录，从中了解产品的真实信息和卖家的诚信度。

课堂训练

如果遇到消费者投诉产品质量，应当如何处理？说说从哪些途径可以树立和提高网店的信誉度？

思考与练习

一、分组实训

任务单

<table>
<tr><td>任务名称</td><td colspan="2">营销场景实训</td><td>组长</td><td></td><td>组员</td><td></td></tr>
<tr><td>任务描述</td><td colspan="6">根据学生的需求，分组在学校虚拟开设一家实体店，设计店址、店名、店标、门面、橱窗、内部陈设等</td></tr>
<tr><td>任务准备</td><td colspan="6">1. 组长带领组员复习本模块知识
2. 每小组分析学生消费需求，并记录下来</td></tr>
<tr><td>任务实施</td><td colspan="6">1. 建议 4～8 人为一个小组，选择一个学生需求来设计店铺
2. 设计店铺包括：店址、店名、店标、门面、橱窗、内部陈设
3. 分组陈述、交流设计的店铺对学生消费心理的影响</td></tr>
<tr><td>任务记录</td><td colspan="6"></td></tr>
<tr><td rowspan="3">任务评价</td><td>评价项目</td><td colspan="5">营销场景实训</td></tr>
<tr><td>评价指标</td><td>正确恰当
（6分）</td><td colspan="2">较为准确
（5分）</td><td>能够完成
（3分）</td><td>需要帮助
（2分）</td></tr>
<tr><td>评价</td><td></td><td colspan="2"></td><td></td><td></td></tr>
</table>

二、案例分析

“江小白”是一款低度高粱酒，容积小，没有任何豪华包装，瞄准 80 后、90 后市场，用酒瓶瓶身做媒介，道出 80 后、90 后群体在当前社会压力下内心的渴望，通过电商和零售渠道相结合的方式，在白酒市场开始一场“不是酒，是情绪饮料”的营销战。在产品方面，“江小白”始终保持一个口味：小曲清香型；三个产品特点：海量、单品、微利；多个规格：100 毫升高粱酒、125 毫升的北上广同款、300 毫升的小别离、400 毫升的半斤八两、500 毫升的天生自由、750 毫升的三五挚友、2 000 毫升的召唤拾人饮等。由于产品定位恰当，场景切入恰当，“江小白”获得了快速发展。

问题：在“功能 + 场景 + 体验”的潮流下，“江小白”成功抓住了消费者什么消费心理特点？

三、拓展训练

调查服装类商家的经营特点，选择高、中、低三个档次的店铺，从店铺装潢、产品陈设、产品价格、消费人群等方面进行调查，分析商家的营销策略是如何制定的。

模块四 消费心理及行为与产品策略

学习目标

1. 了解产品命名的方法和心理要求
2. 掌握商标设计的策略
3. 能分析包装对消费者心理的影响
4. 能根据消费者心理制定相应的产品包装策略

课题 1　消费心理及行为与品牌策略

案例导入：

近期，华海和朋友一直为礼品店的店名犯愁，不知道到底叫什么好。一天晚上，华海把一飞、玉菲、姗姗这几个好伙伴聚在一起，请他们帮忙想想礼品店的店名。大家开始积极思考，出谋划策……正当他们三个都觉得自己起的名字好，为此吵得不可开交的时候，华海想：同样都有名字，为什么有的产品名字易于让人记牢，有的却很难呢？为什么有的产品名字叫得好听，产品的销量也很好，而有的产品名字叫得也很好听，但是产品销量却不行呢？除了产品的质量因素外，这里面还有什么玄机吗？

请思考并回答以下问题：

1. 如果让你为华海和朋友的礼品店起名字，你会起什么名字呢？为什么？

2. 你觉得给一个团队或产品起名是否有利于团队和产品的发展？

3. 为什么有的产品名字容易让人记住，有的却不行？

4. 为什么有的产品名字好听但是销量却不好？

企业在生产产品的同时，必须考虑借助语言文字给产品起一个能吸引消费者的名称。因为，消费者在未接触到产品前，通常会根据产品的名称来判断产品的性质、用途和品质，所以一个好的名称可以提前引起消费者的注意。产品命名是市场营销策略的一部分。一个恰当的产品名称能帮助产品在长期的市场竞争中，树立品牌，取得牢固地位，并为企业带来长期的利益。

一、产品命名

1. 产品命名的含义

产品命名就是选定恰当的语言文字，概括地反映产品的形状、用途、性能等特点。产品的“名字”对消费者的选购是有直接影响的，产品命名的好坏，与产品销量之间有极大关系。产品命名恰当，可以扩大影响，增加销售；命名不当，则可能减少销量。

2. 产品命名的作用

产品命名的作用包括标志作用、显示作用、记忆作用、传递作用和激励作用等。

3. 产品命名的原则

从传播和营销学的角度，产品名称要“简、特、新、亮、巧、合、法”。

（1）简。越简单，越容易被记住。调查显示，当产品名称达到 4 个字时，平均认知度仅为 11.3%，8 个字的名称，平均认知度则只有 2.88%。

（2）特。产品名称应具有独特个性，避免与其他产品雷同混淆。

（3）新。产品名称要有新鲜感，符合创新和潮流的理念。

（4）亮。产品名称发音要响亮，能够朗朗上口，容易记忆。

（5）巧。产品名称要有一定的寓意，引发消费者愉快、优美、高雅的联想。

（6）合。产品名称要符合消费者的文化价值观念，主要包括风俗习惯、宗教信仰、民族文化、语言习惯、民间禁忌等。

（7）法。一是要了解品牌名称是否存在侵权行为，是否已有相同或相近的品牌名称被注册。二是要了解该品牌名称是否在允许注册的范围之内。

4. 产品名称的心理效应

（1）名实相符

消费者即使没有看到产品实体，也能顾名思义，初步感知产品。

（2）便于记忆

通过音、形、意的有机结合，创造言简意赅、易读易懂的产品名称。消费者听过、看过后会在脑海里留下较深刻的印象。例如，使用叠字命名的“房多多”“滴滴出行”“人人猎头”等。又如，采用常见的食物、工具等名词命名的“小米手机”“锤子科技”“苹果（Apple）公司”等。

课堂训练

在现实生活中有哪些产品的名称给你留下了深刻的印象?

（3）诱发情感

产品名称如果能反映不同购买者和使用者的个性心理特征，具有某种情绪色彩和特殊意义，符合消费者某方面的心理需要，就会得到消费者的信任和偏爱。但是，由于消费者的文化背景具有多样性，产品的命名如有不慎，也可能会给消费者带来消极的情感或是不被消费者所理解。

例如，“金利来”曾经起名为“金狮”，在粤语中，“狮”与“输”谐音，“金狮”在粤语地区毫无销路。后来，“金狮”根据其英文名“Goldlion”，由意译改为意译与音译相结合，即“Gold”仍意译为“金”，而“Lion”（狮）音译为“利来”，即为“金利来”。具有美好寓意的“金利来”名称迅速被消费者认可。

（4）启发联想

产品名称清新脱俗、寓意深远、风趣幽默、内涵丰富，能够启发消费者对美好事物的回忆和想象，加深对产品性能的理解。

课堂训练

“可口可乐”和“百事可乐”的名字使你联想到了什么?

5. 产品命名的心理策略

（1）效用命名法

效用命名法是指通过产品名称，能直接反映产品主要性能，帮助消费者迅速了解产品功效的命名方法。这种命名方法一般用于日用工业品和医药用品。一般来说，它能直接反映产品的主要性能，使消费者一目了然，便于理解和记忆。例如，“钢化玻璃膜”“抗病毒口服液”等。

课堂训练

你还知道什么以产品效用命名的产品名称？

（2）成分命名法

成分命名法是指以产品主要成分命名的方法。这种命名方法一般用于营养食品、化妆品和医药用品。一般来说，它能使产品明显区别于其他同类产品，又突出产品自身的特点。例如，“云南白药气雾剂”“氧氟沙星滴眼液”等。

课堂训练

你还知道什么以产品成分命名的产品名称？

（3）产地命名法

产地命名法是指以产品的主要出产地命名的方法。这种命名方法一般用于土特产。一般来说，它能使消费者初步了解产品的历史，感受产品独特的地方风味。例如，“兰州拉面”“桂林米粉”“沙县小吃”等。

课堂训练

你还知道什么以产地命名的产品名称？

（4）人名命名法

人名命名法是指以人的名字命名的方法。这种命名方法将特定的人物和特定的产品联系起来，以突出其独特的加工工艺。一般来说，采用这种方法命名的产品，往往给人一种货真价实、质量可靠、工艺精良、历史悠久的感觉。例如，

“杨国福麻辣烫”“东坡肉”“王麻子菜刀”“王致和臭豆腐”等。

课堂训练

你还知道什么以人名命名的产品名称？

（5）外文音译命名法

外文音译命名法是指根据外文的发音取其中文谐音汉字进行命名的方法。这种命名方法一般用于进口产品。一般来说，这种命名方法可使消费者感受到一种新奇、陌生、神秘的异国风味，唤起消费者的联想，在一定程度上满足消费者求新、求异、求变的心理。但是需要注意的是，在找外文发音的谐音汉字时，应该考虑中国的民族风俗和该谐音字的中文含义，避免引起误会。

可口可乐（Coca—Cola）最早的中文译名是“蝌蝌啃蜡”，既烦琐又不美观。于是可口可乐公司悬赏 350 英镑征求译名，最后著名画家兼作家蒋彝想出了“可口可乐”这个经典译名，扭转了销售颓势。

课堂训练

你还知道什么以外文音译命名的产品名称？

（6）外形命名法

外形命名法是指根据产品的外形特点进行命名的方法。这种命名方法多用于食品、工艺品类的产品。一般来说，采用这种方法命名，能突出产品造型新奇、优美的特点，引起消费者的注意和兴趣，如“佛手酥”“猫耳朵”等。但是，采用这种方法命名，需要注意名称和形象的统一，否则会弄巧成拙，达不到让消费者从名称联想到产品实体，从而加深对产品印象和记忆的目的。

课堂训练

你还知道什么以外形命名的产品名称?

(7)工艺命名法

工艺命名法是指根据产品的制作工艺或制作过程进行命名的方法。这种命名方法多用于具有独特制作工艺或有纪念意义的研制过程的产品。一般来说，采用这种方法命名，能使消费者了解该产品不同寻常的制作工艺，从而提高产品的声望。例如，“二锅头”酒因其制作过程中要经过两次换水蒸酒，且只取第二锅酒液的中段以保证酒质纯正、醇厚而命名。

课堂训练

你还知道什么以工艺命名的产品名称?

(8)美好事物命名法

美好事物命名法是指以吉祥物或美好事物命名的方法。这种命名方法多是企业为迎合人们图吉利的心理所采用。例如，“六福珠宝”“周大福珠宝”“珍爱网”等。

另外，我国的一些中药，由于其成分原来的名字会使消费者感到畏惧，所以常用能使人产生良好联想的名称来代替原有名称。例如，“地龙”原指蚯蚓，“天龙”原指壁虎等。

课堂训练

你还知道什么以美好事物命名的产品名称?

（9）色彩命名法

色彩命名法是指以产品色彩命名的方法。这种命名方法多适用于食品类产品。一般来说，采用色彩命名法能突出消费者的视觉感受，使消费者对产品留下深刻印象。例如，“黑巧克力”原料中巧克力的成分比较高，黑色突出了其纯度；“白玉豆腐”突出了豆腐白嫩细腻的形态；“白加黑感冒片”突出了白片与黑片的不同服用疗效等。

课堂训练

你还知道什么以色彩命名的产品名称？

二、品牌使用

1. 品牌的概念

品牌也称牌子，是生产商和经销商加在产品上的标志，是用以识别某个或某群销售者的产品或服务，并使之同竞争对手的产品或服务相区别的名称、术语、标记、符号或设计及其组合。

品牌名称是指品牌中可以用语言称呼的部分。例如，“海尔”“娃哈哈”“农夫山泉”等都是著名的品牌名称。商标是指经向政府有关部门注册登记后，获得专用权，受到法律保护的品牌（包括品牌名称和品牌标志）。我国从 1957 年开始实行商标注册，一般的产品都应该使用商标。

商标专用权是商标权（商标注册人拥有该商标的专用、转让、继承和使用许可等权利）中最重要的一项权利。商标专用权表明了注册商标只能由商标注册人专用，他人不得仿制、伪造或在同种产品、类似商标上使用与商标相同、近似的商标，否则就侵犯了商标权，就要受到法律的制裁。

商标专用权有四个特点：①经商标局批准注册而取得的特殊权利，具有独占性、排他性；②具有时间性；③是一种财产权和工业产权，其价值难以估量；④受地域限制，只有在某国取得商标专用权后，才受到该国法律的保护。

2. 品牌的内涵

品牌的内涵包括六个方面：属性、利益、价值、文化、个性、使用者。

课堂训练

看到图 4—1 的奔驰品牌，你能想到什么？

图 4—1 奔驰品牌

（1）属性

品牌通常可以通过宣传来表示一个产品的品质、格调、性能等属性。例如，德国奔驰汽车公司经过多年的广告宣传，其品牌在消费者心中体现了昂贵、精良、耐用、体面、保值、快捷等属性。当消费者需要这些属性时，就会优先想到奔驰。

（2）利益

品牌不局限于一组属性。消费者不购买属性，他们的目的是购买利益。属性需要转换为功能利益和情感利益。例如，奔驰的消费利益是：由于“耐用”，消费者可以使用多年；奔驰的情感利益是：由于“昂贵”，消费者能享受到社会的尊重。

（3）价值

品牌还体现出产品的价值感。例如，奔驰由于昂贵和保值，使它成为购车者的一种经济资产，由于这一品牌的体面属性，还使得购车者得到了象征性价值。

（4）文化

品牌也反映出产品的文化内涵。一般来说，它往往能获得具有相同文化感的人群青睐。例如，奔驰反映的是一种经典的德国文化，即有组织、有效率、高品质。

（5）个性

品牌还能代表产品的个性。例如，有人认为奔驰这一品牌像森林之王——狮子，像一座质朴的宫殿，像一位令人尊敬的老板。

（6）使用者

品牌还代表了它的目标消费者属于哪一类人群。例如，人们一般不会把奔驰与年轻的时尚一族联系在一起，而是更多地把它与成熟、稳重、有威望的成功者联系起来。

课堂训练

品牌所具有的六个内涵告诉我们什么？

3. 品牌的使用

根据消费者心理，企业在使用品牌上会面临以下几种选择：

（1）是否使用品牌

在一般情况下，绝大多数产品都要使用品牌，因为使用品牌的好处有很多，如使用品牌有助于将自己的产品与竞争对手的产品区分开来，有助于进行产品广告宣传，有助于产品的购销，有助于培养消费者对品牌的忠诚度等。另外，品牌名称与标志经登记注册获得商标专用权后，可防止他人模仿、抄袭和假冒，有利于维护产品的声誉，保护企业的正当权益等。

当然，为节省成本，有些产品也可以不使用品牌，无品牌策略主要适用于以下几种情况：一是产品为匀质产品，如原油、钢材和棉花等产品并不因为经营者不同而导致产品品质和特性有太大差异；二是生产工艺简单、消费者习惯不认牌子选购的产品，如纸巾、毛巾等生活用品；三是应出口市场的需要，如某些出口产品采用无牌中性包装形式，其主要目的是为了适应外国市场的特殊情况，避免某些外国政府的歧视和限制等；四是企业临时或不打算长期经营的产品。

（2）采用制造商品牌还是经销商品牌

由于消费者对所要购买的产品并不都是内行，并不具有充分的选购知识，因此消费者在选购产品时除了以产品制造商的品牌作为选购依据外，另一个选购依据就是经销商的品牌，即在什么商店出售的。消费者总是愿意购买具有良好信誉的商店出售的产品。因此产品制造者就需要衡量自身和经销商在市场上的声誉，在两者的品牌中作出选择。

一般来说，如果企业要在一个对本企业的产品不熟悉、不了解的新市场上销售产品或者在市场上本企业的商誉远不及经销商的商誉，那么适宜采用经销商的品牌。例如，中国的回力球鞋准备进入英国市场，这种牌子虽然在中国本地市场有一定的声誉，但是对于英国的消费者来说却是陌生的产品，如果采用的是英国消费者所熟悉的本地经销商的品牌，那么将会更有利于产品的销售。

（3）使用统一品牌还是个别品牌

作出使用本企业的品牌决策后仍面临进一步的选择，就是对企业的产品采用统一品牌还是对各种产品采用各不相同的品牌。

1）统一品牌。统一品牌是指企业对其全部产品使用同一个品牌。采用这种策略的好处是节省品牌的设计费用，有利于消除消费者对产品的不信任感，并能壮大企业的声势。

2）个别品牌。个别品牌策略有两种形式：第一种形式是对企业的各项产品分别采用不同的品牌；第二种形式是对企业的各类产品（产品线）分别采用不同的品牌，即同一条产品线上的各产品项目使用同一品牌。

如果企业的产品类型较多，产品线之间的关联程度较小，企业的生产条件、技术专长在各产品上有较大的差别，采用个别品牌策略比较有利。

3）统一品牌和个别品牌相结合。也可以采用统一品牌和个别品牌相结合策略，以兼收两种策略的优点。一般拥有多条产品线或具有多种类型产品的企业可以考虑采用这个策略。例如，美国通用汽车公司生产多种类型的汽车，所有产品都采用“GM”两个字母所组成的总品牌，而按不同的档次又分别使用凯迪拉克（cadillac）、别克（buick）、雪佛莱（chevrolet）等不同品牌。每个个别品牌都表示一种具体特点的产品，如雪佛莱表示普及型大众化轿车、凯迪拉克表示豪华型高级轿车。

4）多重品牌。多重品牌策略是指企业在同类产品中同时使用两种或两种以上品牌的策略。多重品牌策略给企业带来的利益：一是生产企业可在零售商货架上取得更多的陈列面积，同时也增加了零售商对生产企业产品的依赖性；二是提供几种品牌不同的产品，可以吸引喜欢使用新品牌的消费者，满足了消费者求新、求异的心理；三是对同类产品使用若干个不同品牌，使组织内部直接产生竞争，从而提高工作效率和管理效率；四是多种品牌中每个品牌都有自己的市场定位，以满足不同的市场细分的需求，这为扩大市场覆盖面，提高总体销售量创造了条件。

采用多重品牌策略的主要风险是使用品牌数量过多，以致每种品牌产品只有一个较小的市场份额，使企业资源分散消耗于众多的品牌上，而不能集中到少数几个获利水平较高的品牌上。

课堂训练

列举你所知道的哪些公司采用了以上品牌策略。

三、商标设计

1. 商标的组成

商标主要由三部分组成：形象、名称、一定的色彩，如图 4—2 所示。

图 4—2　商标

2. 商标图案的分类

（1）文字商标

文字商标包括汉字、数字和字母三种形式。汉字，如“解放”“红旗”“上海”等；数字，如“555”“999”等；字母，如“GM”“VOLVO”等。文字商标如图 4—3 所示。

（2）几何型商标

几何型商标是指由几何图案组成的商标。例如，“奔驰”“丰田”的商标等，如图 4—4 所示。

图 4—3　文字商标

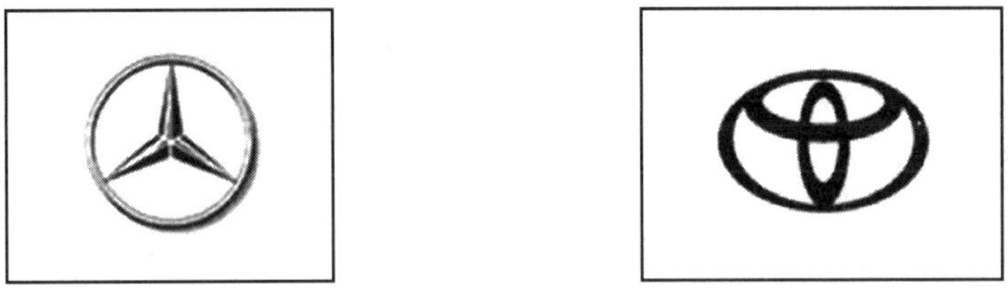

奔驰　　　　丰田

图 4—4　几何型商标

（3）自然形态商标

自然形态商标是经过抽象、变形、夸张、省略、简化加工而成，能象征产品的质量、特点等，如图 4—5 所示。

图 4—5　自然形态商标

（4）组合形态商标

组合形态商标一般常见的是文字和自然形态的组合。例如，“宝马”商标由“BMW”三个字母和代表螺旋桨标志的图案组成，如图 4—6 所示。

图 4—6　组合形态商标

3. 品牌和商标的作用

（1）识别产品，便于购买

品牌代表产品的特色和质量特征，为购买者认牌购物起决定性作用。

（2）促进销售，提高利润

品牌对企业来说是其无形资产，随着品牌的知名度和美誉度的不断提高，该产品的品牌价值也在不断提高，消费者对其偏好程度也在加深，认牌购物和重复购买能为企业带来更多的利润。

（3）扩大宣传，开拓市场，树立形象

企业在提高质量、提供优质服务的基础上，通过使用品牌，宣传品牌，实施名牌战略，使消费者对品牌产生良好印象，实现认牌购买，从而增强企业对产品质量的责任感和创立名牌产品的荣誉感，促进企业对创名牌和保名牌的投入，以便树立良好的企业形象。

（4）维护企业和消费者利益

商标受到法律的保护。对于任何侵权行为，企业都可以通过法律程序提起诉讼，以维护自身利益。同时，商标也受到法律的制约。对商标的管理，可以起到督促生产、提高产品质量和维护消费者权益的目的。

4. 商标设计的原则

商标的设计可以说完全是一种实用的工艺美术。它的题材非常广泛，花鸟虫鱼、飞禽走兽、人物事件、名胜古迹、神话传说、天文地理以及道德规范等都可以作为商标的内容。但是从消费心理及行为分析学来看，产品商标的设计必须符合产品本身的属性和消费者的心理需求。

产品商标的设计应遵循的基本原则是：

（1）严肃性原则

商标设计必须遵守《中华人民共和国商标法》的规定，并要注意和尊重不同的民族、种族、宗教、地域的风俗习惯。

（2）形象化原则

商标形象化，可以使人看图知义，印象深刻，它是一条十分重要的心理学原则的运用。据了解，人体五种感觉获得信息的比例依次为：视觉 60%，听觉 20%，触觉 15%，嗅觉 3%，味觉 2%。

（3）和谐性原则

商标设计应与所代表的产品性质和特点相协调。产品商标可以有意识地强调使用对象或产品等方面的特征，使人一见一听就联想到它的质量、性能，从而产生好感，激起购买欲望。如果产品商标的某些寓意能给人带来胜利、愉快、欢乐的感知效果，就会在一定程度上增强产品的销售能力。

（4）简洁性原则

商标设计应简单清晰，易读易写。

（5）艺术性原则

商标设计应力求造型美观，构思新颖，具有艺术感染力。

（6）稳定性原则

商标的使用应具有稳定性，不能轻易改动，否则将会造成不应有的信誉损失和经济损失。如图 4—7 所示为柯达商标的变化。

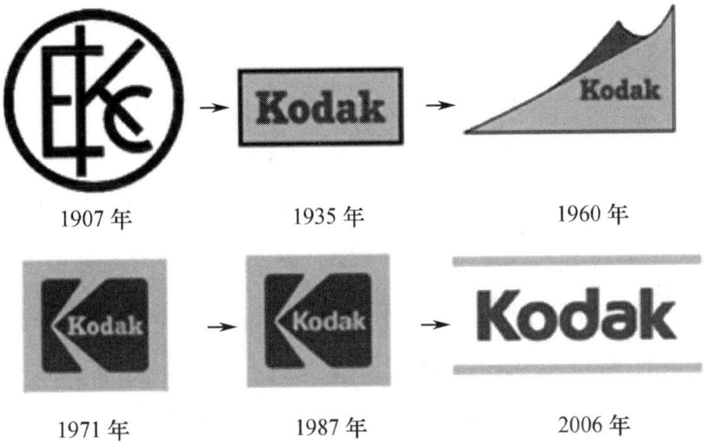

图 4—7　柯达商标的变化

课题 2　消费心理及行为与包装策略

案例导入：

转眼就到了华海的生日，这天早上，妹妹玉菲神神秘秘地将一个大盒子拿到哥哥房间，要哥哥猜她选的是什么礼物。华海望着这个大盒子，真想不出来是什么。衬衣？不对，书？不对，手机？不对。

见哥哥猜了半天都不着边际，玉菲揭开了谜底——原来是个剃须刀。华海说："啊，剃须刀啊，要这么大个盒子干吗？浪费。""要的，要的，你看看，盒子不大，怎么装得下？"玉菲一边说，一边拆开了盒子。原来，盒子里不仅仅有剃须刀，还有好几样东西：镜子、剃须膏、须后水、润肤霜。华海感慨道："这商家真不是一般的厉害啊！一个几十块的剃须刀，搭配了这么多东西，价格也一起上去了。至于销量嘛，就看一向精明的我妹妹都'缴械投降'了，还能不高？"

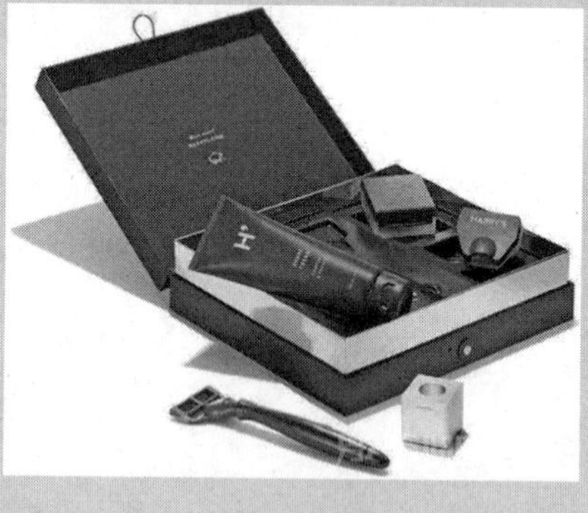

华海望着这生日礼物，又想到了妹妹的圣诞化妆品礼盒套装，还有公司促销用的计算机清洁套装，不禁感叹："看来，这包装里的学问大着呢！"

请思考并回答以下问题：

1. 产品的包装有哪些作用?

2. 玉菲为什么不单买一把剃须刀作为生日礼物，而要买这"一大盒"呢?

3. 如果你是产品包装的设计师，你在设计产品包装时，会考虑到什么？你考虑的内容，有哪些是从消费者的心理出发的?

著名的杜邦定律指出，大约 63% 的消费者是根据产品的包装进行购买决策的。正是因为这样，现在的市场经济被称为“眼球经济”，只有吸引到消费者的注意，品牌才能被消费者接受，产品才能被消费者购买。

一、产品包装的概念

包装是指产品的容器和外部包扎。包装一般包括三个部分：一是首要包装，是产品紧挨着的包装容器；二是次要包装，是保护首要包装的包装物，又称为销售包装；三是运输包装，是为了储存和运输需要而形成的大包装。

课堂训练

请回忆自己接触过的产品包装，填写表 4—1。

表 4—1　调查表

首要包装	次要包装	运输包装
啤酒瓶	啤酒瓶外部长方体小盒子	集 12 瓶为一箱，印有“小心轻放”的大箱子

二、产品包装的作用

1. 保护产品

产品从出厂起到消费者手中进入使用为止的整个过程，都有运输和储存的问题。即使到了消费者手中，从开始使用到使用完毕也还有存放的需要。产品在运输中会遇到震动、挤压、碰撞、冲击和风吹日晒等情况，使用适当的包装能起到保护产品的作用。

2. 便于运输、携带和存储

因为产品有气态、液态、固态、胶态等不同的物质形态；它们的理化性质也各异，有的甚至是有毒、有腐蚀性的，或是易挥发、易燃烧、易爆炸等；外形上有的可能有棱角、刃口等危及人身安全的形状。因此，产品只有加以合适的包装，才能便于运输、携带和存放，或者是保证运输中的安全。

3. 便于使用

适当的包装起到便于消费者使用和指导消费者消费的作用。包装指导消费者消费的作用体现在根据产品在正常使用时的用量加以包装，并在包装上说明用法、用量。例如，瓶装酒有 500 毫升装、250 毫升装，味精有 500 克装、100 克装，药片有 1 000 片装（适用于医院）、10 片装（适用于个人）等。

课堂训练

洗发水都有哪些规格的包装？主要针对哪些不同使用需求的消费者？

4. 美化包装，促进销售

产品采用包装以后，首先进入消费者视觉的往往不是产品本身，而是其包装。产品能否引起消费者的兴趣，触发其购买动机，在一定程度上取决于产品的包装，因而包装成为“无声的推销员”。

一般来说，产品的内在质量是其市场竞争力的基础，但是一个优质产品如果不和一个优质的包装相配合，就会削弱其市场竞争能力。

例如，苏州的檀香扇在香港市场售价原为 65 元，改用成本 5 元的锦盒包装后，其售价提高到 165 元，销量也大幅度增加；名贵药材人参，过去用木箱包装出口，每箱 10 千克，后改用精致的小包装，售价平均提高 30%。

课堂训练

“买椟还珠”的故事大家还记得吗？为什么郑国人竟然会把宝贵的珍珠还给

了楚国商人？从这个成语故事中，关于包装，你受到了什么启发吗？

三、产品包装的设计

消费者在选购产品的时候，第一接触的是产品的包装而不是产品本身，为了给消费者一个良好的第一印象，商家的产品包装设计应符合下列要求：

1. 包装设计具有特色

造型美观大方，图案形象生动，不落俗套，不搞模仿，尽量采用新材料、新图案、新形状，令人耳目一新。

2. 包装应与产品的价值或质量相配合

生活消费品，特别是其中的贵重物品（如珠宝首饰、人参等）和艺术品、化妆品的包装要能烘托出产品的高贵、典雅和艺术性。力争避免"金玉其外，败絮其中"和"烂稻草包珍珠"的情况。例如，珍贵的首饰和玉雕、牙雕等应配以各种镶嵌、雕刻、编织的名贵手工艺包装盒，名画配以樟木雕刻的画卷盒包装，贵重皮大衣配以高级手提皮箱包装等。

3. 包装要能显示产品的特点或独特风格

对于以外形和色彩表现其特点或风格的产品，应考虑能向消费者直接显示产品本身，以便于消费者选购。常用的方法是采用全透明包装、开天窗包装或在包装上附有彩色图片等。例如，服装、装饰品、食品等。

4. 包装的造型和结构应考虑使用、保管和携带的方便

包装的造型、结构除了外形美观、新颖大方等艺术性方面的要求外，还应考虑销售和使用的方便。包装所起到的促进销售的作用在相当大的程度上取决于包装在使用、携带和储存等方面的便利性。

5. 包装上文字的设计能增加消费者的信任感并指导消费

包装上文字的设计应根据消费者的心理对不同产品有不同的突出重点。除了能直接回答消费者所关心的问题外，还要考虑消费者可能存在的购买疑虑，在包装上要有针对性的说明，以增加消费者对产品的了解和信任度。例如，食品类包装上应说明用料、食用方法，药物类包装上应说明成分、功效、服用量、禁忌及是否有副作用等，服装类包装上应说明用料、尺码、规格、洗涤或保存方法等。

6. 包装设计要考虑民族和宗教因素

包装上所采用的色彩、图案要避免与民族习惯、宗教信仰发生冲突。色彩、图案的含义对具有不同民族习惯、宗教信仰的消费者来说可能是截然不同的。

四、产品包装的策略

1. 类似包装策略

类似包装策略是指一个企业所生产的各种不同产品，在包装上采用相同的图案、色彩或其他共同的特征，使消费者极易发现是同一家企业的产品。采用类似包装策略的好处是节省产品包装设计费用，增加企业声势，有利于介绍新产品。采用类似包装策略的不足之处表现在，如果两种产品质量相差悬殊，则质优产品将受到不利影响。类似包装如图 4—8 所示。

图 4—8　类似包装

2. 组合包装策略

组合包装策略是指把使用时相互关联的多种产品，纳入一个包装容器内，一起销售。采用组合包装策略的好处是既方便了消费者，也扩大了企业的产品销量。例如，家用药箱、针线包、工具箱、化妆盒等。

3. 复用包装策略

复用包装策略是指在原包装的产品用完后，空的包装容器可做其他用途。复用包装策略的好处是能废物利用，为消费者节约费用支出，并能引起消费者的购买兴趣。

课堂训练

请回忆自己是否有过产品包装的“废物利用”经验，请把你的经验列举出来，并讨论“废物利用”的好处，试填入表 4—2 中。

表 4—2　　记录表

产品包装	如何利用	“废物利用”的好处
装糖果的铁皮盒	用作针线盒	针、线再也不到处扔，寻找方便

4. 附赠品包装策略

附赠品包装策略是指包装内附带赠品或附带折价券、积分券、抽奖券、礼品券等。

课堂训练

请回忆自己的购物经历，是否曾经获赠过产品？对于赠品你喜欢吗？为什么？试填入表 4—3 中。

表 4—3　　记录表

购买产品	获赠产品	对获赠品的喜好程度
小浣熊方便面	连环画	喜欢（小时候）

5. 改变产品包装策略

产品包装上的改进，正如产品本身的改进一样对销售的促进有重大的意义。当企业的某种产品在同类产品中销路打不开时，就应注意改进包装设计；当一种产品的包装已采用了很长的时间，也应考虑推陈出新，变换包装。

6. 等级包装策略

等级包装策略是指对同一产品，采用不同等级的包装，以适应不同的购买力水平或不同消费者的购买心理。例如，送礼产品和自用产品采用不同档次的包装。

7. 差异包装策略

差异包装策略是指企业的各种产品都有自己独特的包装，在设计上采用不同的风格、色调和材料。这种包装策略能够避免由于某一种产品营销失败而影响其他产品的市场声誉，但也会相应地增加包装设计费用和新产品的促销费用。

思考与练习

一、分组实训

任务单

任务名称	消费心理及行为与产品策略实训	组长		组员	
任务描述	分组商量、选定产品，根据消费者心理制定相应产品策略				
任务准备	1. 组长带领组员复习本模块知识 2. 每小组列出至少两个影响自己购买该产品的心理因素				
任务实施	1. 建议 4～8 人为一个小组，商量、选定产品 2. 分组陈述、交流，列出影响消费者购买产品的心理因素 3. 根据讨论结果，制定相应的产品策略				
任务记录					
任务评价	评价项目	消费心理及行为与产品策略实训			
	评价指标	正确恰当（6分）	较为准确（5分）	能够完成（3分）	需要帮助（2分）
	评价				

二、案例分析

刘太太一直用的是“飘柔”牌洗发水。有一天她的朋友王太太告诉她，长期使用同一种洗发水对头发不好。刘太太虽然将信将疑，但“宁可信其有，不可信其无”的她还是决定更换洗发水。她来到超市的洗发水陈列区，琳琅满目的产品让一直习惯购买同一品牌的刘太太有点不知所措。促销员根据她的需求推荐了几款洗发水，有“潘婷”“海飞丝”“沙宣”等，其中有款沙宣750毫升装的洗发水还附送旅行装60毫升，刘太太在心里算了算之后，很快就作出了购买决定。晚上回到家里，读高中的女儿晓雯发现家里换了洗发水品牌，好奇地问妈妈：“为什么突然换洗发水啊？”刘太太知道女儿一向不喜欢她道听途说，听信一些没有科学根据的小道消息，连忙说：“一直用飘柔，钱都给那个公司赚去了，换个牌子嘛，让别的公司也赚点！”晓雯一听妈妈的理由，愣了一愣，突然爆笑起来，刘太太被她笑得莫名其妙……

请阅读案例，根据本模块所学知识回答下列问题：

1. 你知道晓雯笑什么吗？沙宣采用的是什么品牌策略？为什么要采用这样的策略？

2. 沙宣的包装策略是什么？达到了怎样的效果？

三、拓展训练

请在教师的指导下，利用课余时间分组调查，根据调查结果填写表4—4。

表4—4　　调查表

产品名称	产品商标	市场欢迎度	名称 / 商标出彩处

模块五　消费心理及行为与价格策略

学习目标

1. 能根据消费者的行为表现分析其价格心理特征
2. 能分析消费者判断价格的途径
3. 能针对具体产品选择合适的定价策略
4. 能根据环境条件变化灵活使用调价技巧

课题 1　分析消费者价格心理

案例导入：

这天一早，华海回到公司就听到同事子杰说他前一天遇到了一个奇怪的客人。

原来，前一天华海因为身体不舒服请了半天假回家休息，店里就剩下子杰一个人。这时，来了一名姓赵的客人，他想要购买一台商用笔记本电脑，请子杰帮忙介绍。子杰为其推荐一款售价为 5 999 元的产品，同样配置的计算机现在的市场售价要在 6 500 元以上，这款产品在同类产品中的性价比是最高的。对计算机不是很熟悉的赵先生听完介绍后正在犹豫，子杰想起这款计算机正在做活动，可以在原价基础上打 9.8 折，还有计算机袋等赠品附送，于是赶紧将这个好消息告诉赵先生。但是赵先生听完之后却没有被打动，反而立刻决定放弃这款计算机。最后，赵先生购买了同样配置的，价格为 6 599 元的另一款笔记本电脑。

听完子杰的一番话，华海一开始还打趣说："如果每个客户都像赵先生一样就好了。"但是说完他深入一想，价格对赵先生的心理到底产生了什么影响，让他作出一个看上去不聪明的决定呢？再看了看最近三个月的销售记录，华海发现这款标价为 5 999 元的计算机销量确实不理想。他不禁在问，消费者都怎么了？

请思考并回答以下问题：

1. 赵先生舍弃 5 999 元外加 9.8 折的计算机，选择了 6 599 元的计算机，你认为是什么原因呢？

2. 在日常生活中，有没有一些产品的价值虽然不是很高，但是你却愿意花高价去购买呢？为什么你愿意支付高价？

3. 如果现在你也计划买一台笔记本电脑，听说最近笔记本电脑在降价，你是会立刻购买，还是再等等呢？为什么？

4. 如果你是华海，根据消费者对计算机这种产品的价格心理特征和表现，你能想到用什么办法去提高原价为 5 999 元的这种笔记本电脑的销售额？

一、研究消费者价格心理的意义

在消费者购买产品时，产品定价的高低、价格调整变动的合理与否都将直接影响消费者对该产品的认可程度和购买行为。实践证明，在影响消费者心理及行为的诸多因素中，价格是最具刺激性和敏感性的因素。

在销售过程中我们发现有些产品价值虽低，但只要符合消费者的某种心理需求，就可能以高价售出；有些产品的价值虽高，如果不能满足消费者的心理需求，就可能要降低价格才能卖出去甚至卖不出去。因此，价格也是决定产品能否顺利销售的重要制约因素。

研究消费者价格心理的目的，主要在于掌握消费者对价格及其变动的心理反应与行为规律，从而为企业决策者制定既符合消费者心理要求，又能增加企业效益的合理价格提供充分的科学依据。

二、产品价格的心理功能（见图 5—1）

1. 衡量产品价值和品质的功能

产品价值经常用成本来体现。一般而言，产品成本高则价格相应也高，产品成本低则价格也低。但成本相似的产品其价格可能相差很大，因为企业确定其产品价格时不可能单纯考虑成本因素，还要综合考虑需求、竞争等多种因素。消费者不可能深入了解每种产品的定价，因此习惯于根据经验把价格与价值及产品质量联系在一起，把价格作为衡量产品价值大小和质量好坏的尺度。

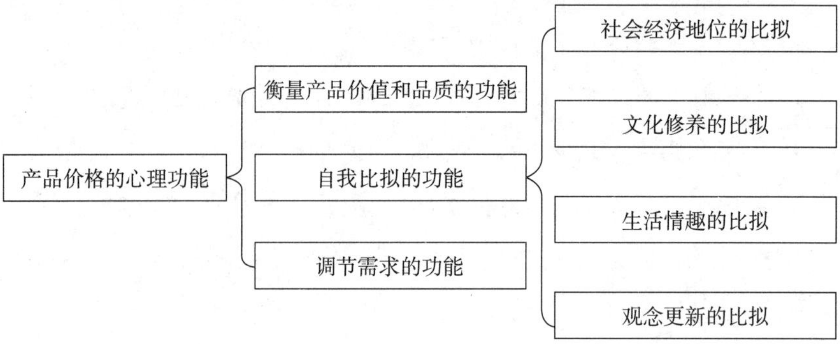

图 5—1　产品价格的心理功能

课堂训练

“一分钱，一分货”就是大多数消费者仍奉行价格体现价值及品质的心理准则的最佳体现。还有哪些俗语也能体现价格的这一功能呢?

2. 自我比拟的功能

消费者在购买产品的时候可能因价格而引起某些联想，把价格的高低同个人的情感、愿望、个性特征等联系在一起，进行有意或无意的比拟，以满足个人的某种心理追求。因此，产品价格不仅是价值的衡量尺度，而且具有某种社会心理意义。这种自我比拟主要表现在以下四个方面：

（1）社会经济地位的比拟

有些消费者只到大型百货店或者是专卖店购买价格昂贵的名牌、高档产品，从来都不光顾小门店，这些消费者就是认为购买高价产品是自我经济地位的显示，同时也认为购买低档、折价处理产品有失身份。

（2）文化修养的比拟

有些消费者愿意购买价格高昂的乐器、名人字画、书籍、古玩、收藏品等产品，通常这些消费者的目的就是希望以此来展示自己有很高的文化修养，得到心理上的满足。

（3）生活情趣的比拟

有些消费者愿意去歌剧院欣赏歌剧，可能为此还不惜花去自己半个月的工资，这一类型的消费者是为了体现自己拥有高雅的生活情趣和品位。

（4）观念更新的比拟

有些消费者尽管手机才买了几个月，很多功能还够用，但还是会去购买最新款的手机，以此来显示自己前卫的形象。

3. 调节需求的功能

产品价格对消费需求影响很大，价格的变动会刺激需求或抑制需求。一般来说，消费需求与价格变动成反向变动，即价格上升，需求减少；价格下降，需求增加。但价格对需求的调节还会受到价格需求弹性、消费者的心理需求强度和价格心理预期的制约。例如，大米涨价就多吃面条，猪肉贵了就改吃海鲜，出租车涨价就改坐地铁。又如，有时候消费者有所谓“买涨不买落”的心理，对于降价销售的产品，消费者不但不会增加购买，反而会减少购买，等待价格跌至最低点时再买。对于提升价格的产品，却会选择立即购买。因此，价格还会通过消费者的心理对需求产生调节作用。

课堂训练

上面两人的对话，体现了价格的哪些心理功能？

三、消费者价格心理特征及表现

消费者在购买活动中对不同产品价格的认识会产生各种不同的心理反应和表现，这是由消费者的个性心理、消费者对价格的知觉判断所决定，并受到社会生活各方面的影响。消费者的价格心理特征及表现主要包括以下几个方面。

1. 习惯性心理特征及表现

习惯性心理是指消费者根据以往的购买经验和对某些产品价格的反复感知，对产品价格形成的习惯性心理判断。特别是一些需要经常性购买的生活消费品，在消费者头脑中留下的印象更深刻，更容易形成习惯性价格心理。消费者往往从习惯性价格中去联想和对比消费品价格的高低和涨跌。

在消费者心中，对多数产品的价格是有一个心理上限和心理下限的。如果某产品的价格在消费者认定合理的范围内，他们会乐于接受；超出了这一范围，则难以接受。例如，猪肉一般是卖 30 元 / 千克，如果猪肉卖到 300 元 / 千克，价格涨幅太大，消费者就难以接受；反之亦然。而且，消费者的价格习惯心理一旦形成，往往要稳定并维持一段时间，在短期内难以轻易改变。

2. 敏感性心理特征及表现

敏感性心理是指消费者对产品价格变动作出反应的灵敏和迅速程度。消费者对价格变动的敏感度会因人、因产品而异，由于产品价格的升降直接关系到人们的生活水平，所以低收入阶层的消费者对价格变化更为敏感。对那些与消费者日常生活密切相关的产品价格，消费者的敏感度较高，如食品、蔬菜、肉蛋等，这类产品的价格略微改变，消费者马上会作出强烈反应；而一些高档消费品，如家电、钢琴、家具等，即使价格变动较大，消费者也不会作出很大反应，即消费者对这类产品的价格敏感度较低。但消费者对价格变动的敏感度，会随着价格变动的习惯性适应而降低。企业在进行产品价格调整时，对于敏感度较高的产品一次调价的幅度不宜过大，同时应选择好调价时机，以避免引起消费者心理上的过度反应。

3. 倾向性心理特征及表现

倾向性心理是指消费者在购买过程中对产品价格选择所呈现出来的趋势和意向。由于消费者在经济收入、文化水平、价值取向以及性格等方面的差异，使得他们在选购产品时表现出来的价格倾向不尽相同。

就不同档次的产品而言，消费者对于耐用产品及奢侈品的购买倾向一般表现为：追求档次高、质量优的产品，不计价格高低，甚至以高价为好；对于大多数日用小产品、普通食品等的购买倾向一般表现为：重实用、求低价，不过多追求高档次，对质量要求适中。在不同组织形式的消费者购买中，集团购买者一般倾向于高档、高质、高价，以显示该群体的经济实力；而个人或家庭消费者购买多表现出求实、求低价的节俭心理。企业在制定或者调整产品价格时要根据产品类型，结合企业定位，并考虑消费者的倾向性心理来确定。

4. 感受性心理特征及表现

感受性心理是指消费者对产品价格及其变动的感知强弱程度。消费者对产品价格高低的认识，不完全决定于他们的习惯性心理，还根据与同类产品的价格进行比较，以及对购货现场不同种类产品的价格比较来认识。比较结果的差异大小，形成了消费者对价格高低的不同感受。企业可将同类不同档次的产品放一起对比销售，更能凸显高档产品的质优和低档产品的价廉。同一种产品，也可以通过不同陈列、包装和服务方式等使消费者对产品价格产生不同的感知，以提高销售额。

课题 2　消费心理及行为与定价策略

案例导入 1：

周末，华海去参加同学聚会。华海发现老同学们都变了不少，有的春风得意，也有的失意潦倒。就说华海的同桌兼同行小俊吧，他刚毕业就回老家开了一家计算机专卖店做起了老板，当时同学们都很羡慕他。但这次见面他却拉着华海诉苦。

小俊："估计我这店快要关门了。"

华海："怎么啦？"

小俊："都不知道为什么，明明一模一样的计算机，在我店里客人觉得贵，在大卖场里卖他们却觉得价格合理。"

华海："是啊，消费者的心理真挺奇怪的。上次我看到店里的精品柜还有空位，就顺手把原来放在促销柜的打印机放上去了，结果价格没变，买的人却多了几倍，而且个个都像捡了便宜的样子。"

小俊："就是啊，我总不能老亏本卖吧，真不知道怎么办了，你快帮我想想办法吧，再这样下去我真的撑不下去了。"

看着表情沉重的小俊，华海的心情也低落了。在回家的路上，华海想，到底消费者是通过什么途径去判断产品价格高低的呢？看来是要去好好研究这个问题了。

请思考并回答以下问题：

1. 为什么价格一样的相同产品，在大卖场里销售和在小俊店里销售给人的感觉不一样呢？为什么华海只是将打印机换了位置却让人觉得便宜了呢？

2. 你在购买产品时，会不会进行价格比较呢？为什么？

3. 你一般会通过什么途径判断你所见到的产品是便宜还是昂贵呢？

4. 如果你是华海，你能帮小俊想到什么办法去改变消费者的价格判断呢？

在购买产品时，消费者总是选择那些自己认为物有所值的产品。因此，在购买前消费者肯定会多方比较，作出自己的价格判断后再决定是否购买。

一、消费者价格判断的途径

大多数消费者购买产品时都会精挑细选，只要经营者了解消费者进行价格判断的途径，在价格竞争上就很容易争取到优势地位。通常，消费者价格判断的途径有以下四种。

1. 同类产品

与市场上同类产品的价格进行比较。采用这种方法判断产品价格高低最简单明了，因此在消费者中使用得最为普遍。消费者通过对同类产品的价格对比，直接对价格进行权衡，随即就可决定是否购买。例如不少消费者在市场买菜时会去多个摊位进行比较，选择购买物美价廉的蔬菜。

2. 放置位置

消费者选购产品时也会对同一个售货场所的不同产品进行比较，判断哪种产品更划算。例如，家电促销区的其他电器价格都在 600 元以下，而精品区的产品都在 5 000 元以上，一台价格为 2 500 元的电视机，如果放在促销区消费者会觉得它很贵，而如果是放在精品区消费者却会觉得它很便宜。

3. 产品特性

通过对产品的外观、品牌、产地、包装、使用特点、使用说明等进行比较，判断产品的价格高低。

4. 自身感受

通过消费者自身的感受体验来判断。在判断服务类产品时，因为是无形产品，消费者很难通过其外在形态判断产品是否物有所值，所以，消费者通常会通过在服务过程中自身的心理体验来衡量服务类产品的价格。通常，服务场所的设计、提供的设施设备、服务人员的服务态度和方式等都会影响消费者的心理感受。

二、影响消费者进行价格判断的因素

对同一件服装的价格，可能有的人感觉贵，而有的人却感觉便宜，为什么不同的人会对同一个价格产生两种截然不同的价格判断呢？那是因为消费者在购买的过程中会受到多种不同因素的影响，从而使他们作出不同的价格判断。这些因素主要有：

1. 消费者的经济收入

消费者的经济收入是影响消费者价格判断最主要的因素。花 300 元吃一顿晚餐，对于一个月收入为 8 000 元的消费者和一个月收入为 2 000 元的消费者的价格心理感受和判断肯定是不一样的。高收入者可能觉得价格不高可以接受，低收入者却会感觉太过昂贵。

2. 消费者的价格心理

消费者的习惯性心理、敏感性心理、倾向性心理、感受性心理都会影响消费者购买产品时的价格判断。例如原来卖每千克 6 元的大米，如果现在涨到 16 元，消费者就会感觉价格很高，特别对于低收入者的感觉更是明显，这就是消费者习惯性心理和敏感性心理作用的结果。

3. 生产地和出售地点

同种类的产品就算生产工艺、流程和品质都是相同的，如果产地不同也会给人不同的感觉。一般消费者会觉得来自原产地的产品制定高价是可以接受的。例如，原产地为法国的香水就算价格定得比较高也能被消费者接受。同种产品在不同的地点出售，也会让消费者作出不同的判断。

课堂训练

对于表 5—1 中的产品，消费者的一般价格判断是什么？

表 5—1　　产品价格表

产品	出售地 1	出售地 2	消费者的价格判断
服装	私人摊档	专卖店	
食品	超市	农贸市场	
电器	私人商店	大型商店	

4. 产品的类别

同一种产品可以因为不同的用途被划分为不同的类型，消费者对不同类型的产品价格判断有所不同。例如，普洱茶可以作为普通待客的饮料，也可作为收藏品，如果消费者把普洱茶看成饮料，1 800 元一片的普洱茶价格就太高了，但如果视为收藏品，这个价格就是可以接受的。

5. 消费者对产品需求的迫切程度

如果消费者急需某种产品，而又没有替代品时，就可能接受比较高的价格。比如“非典”时期，具有消炎和预防作用的板蓝根、抗病毒口服液、食盐、醋等产品价格在全国暴涨，价格上涨的幅度达到 3 倍以上，但还是让消费者争相抢购。

6. 购买的时间

消费者在不同的时间购买产品，可能会接受比较高的价格，也可能会要求比较低的价格。例如，在春季购买冬季服装或在秋季购买夏季服装，消费者一般只会接受比较低的价格。而过年或者其他重大节日去餐馆吃饭，消费者却可以接受比平常高的价格。

当然，影响消费者进行价格判断的因素还有很多，如产品出售过程中的环境、气氛、销售时机、销售方式及产品本身的外观、包装、功能等。企业经营时必须综合考虑这些因素，才能为产品制定让消费者接受的价格。

课堂训练

如果你打算购买表 5—2 中的三种产品，你进行价格判断的途径和影响你判断的因素是什么？

表 5—2　　调查表

产品	价格判断途径	影响价格判断的因素
家具		
水果		
化妆品		

案例导入 2：

玉菲放暑假了，教授要求全班同学在暑期完成一篇社会实践论文，于是她就找到一家百货商场做起了实习销售员。主管看她非常虚心，就让她跟着不同柜台的销售员学习。不到一个月，玉菲基本上就做遍了所有品类的销售。

华海发现自从妹妹做了实习销售员后，每天都抱着一大堆资料皱着眉头背。华海忍不住问道："你最近怎么啦？"玉菲叹气说："就是这价格啊，经常有消费者问我产品的价格，我都不记得。"玉菲把资料递到华海手中："你看看，生鲜超市小白菜不卖 3 元，要卖 2.99 元；日用品那边本来牙刷卖 2.5 元，牙膏卖 4.5 元，沐浴露卖 9 元，洗发水卖 13 元，但是如果你一套购买却卖 24.9 元；还有家用电器部，60 寸液晶电视要卖 5 699 元，而这款 55 寸液晶电视却卖到了 7 999；最夸张的是一瓶高档润肤露要上千元，居然还有人买……"

回到房间，华海想到，现在产品销售使用的价格策略真的很多，也难怪妹妹这么头疼了。那到底有多少种常用的价格策略呢？不同的价格策略和消费者心理有什么关系呢？又有多少种可以运用在计算机产品的销售上呢？如果能针对消费者心理使用价格策略应该对销售很有帮助吧。

请思考并回答以下问题：

1. 玉菲所描述的几种产品所使用的价格策略是想利用消费者的什么心理？分别给消费者什么感觉？

2. 请你总结一下日常生活中常见的价格策略有哪些？

3. 你所总结的这些常见价格策略中有哪些适合用于计算机产品？为什么？

价格是影响消费者心理最为敏感的因素，如果企业在制定产品价格时能充分考虑消费者心理的各种特征，采用合适的价格心理策略，就能发挥价格的促销作用，取得更好的营销效果。而价格策略又包括定价策略和调价策略两种。

三、定价策略

1. 取脂定价策略

在新产品上市的初期，竞争者和替代品较少且需求水平较高，这时可以制定较高的价格，迅速收回投资，以后随着市场的逐步扩大和竞争者的增多再逐步降低价格。该策略充分利用消费者求新、求奇的心理，以高价树立产品的品牌和形象，既吸引高收入者购买，也为以后价格的调整留有余地。

课堂训练

有哪些产品适合用取脂定价策略呢？

2. 渗透定价策略

在新产品上市的初期，也可以利用消费者的求实、求廉或求利的心理，先为产品制定一个很低的价格，以迅速占领市场，等消费者接受了新产品，市场稳定后再逐步提高价格，谋求长远的利益。

课堂训练

有哪些产品适合用渗透定价策略呢？

3. 习惯定价策略

消费者对于经常购买的日用品这类产品，已经形成了习惯价格，消费者已经详细了解了这些产品的性能、质量等特征，形成了经验评定和固定的心理价格标准。企业在为这类产品定价时一般不要背离习惯价格，否则会失去消费者的信任，促使消费者转为购买替代品，从而影响经营者利益。

4. 尾数定价策略

采用这种定价策略，产品价格的整数之后会有零头，比如本来卖 2 元的青菜，定价为 1.99 元，这样能满足消费者的求廉心理，使消费者感觉价格低，也会认为价格计算十分精确，从而增加对企业的信任。但是采用这一策略却难以为产品树立品牌形象。因此，尾数定价策略一般适用于中低档产品。如果能同时考虑不同国家和地区消费者的消费习惯，把尾数定价与吉祥数字结合利用效果会更好。

5. 整数定价策略

整数定价与尾数定价相反，针对的是消费者的求名、求方便和自我比拟的心理，将产品价格有意定为整数，使消费者获得心理上的满足。同时，在众多尾数定价的产品中，整数能给人一种方便、简洁的印象。这种定价方法一般适用于高档产品或某些名优产品。

6. 声望定价策略

声望定价策略是对整数定价策略的进一步发展。消费者一般都有求名望和显示自身地位的心理，企业可以根据自身在消费者心目中的较高声望为企业产品制定比市场同类产品更高的价格。声望定价策略能有效地消除消费者购买心理障碍，使消费者对产品或零售商形成信任感和安全感，并从中得到荣誉感。使用这种定价策略对稳定产品销售和保持企业良好的市场形象都有重要意义。

课堂训练

是否所有产品都适合使用整数定价策略和声望定价策略呢？请你举出几个使用这两种定价策略成功的例子。

7. 招徕定价策略

招徕定价策略是指针对消费者普遍存在的求廉心理，有意大幅降低某些产品的价格，以吸引大量消费者到达购物现场。这实质是用降价产品作“诱饵”，借机带动企业其他产品的销售。采用这种定价策略的关键是要选择合适的降价产品及确定降价幅度，既能达到招徕大批消费者的目的，又能扩大销售并增加利润。

课堂训练

一般适合作招徕品的产品有哪些？

8. 最小单位定价策略

最小单位定价策略是指把同种产品按不同的数量包装，以最小包装单位量制定基数价格，销售时，参考最小包装单位的基数价格与所购数量收取款项。这种策略能让消费者感觉到某些昂贵的产品价格比较容易接受。例如，不少贵重的药材不是按 500 克计算价格，而是采用 50 克甚至是每克去计算价格。

9. 分级定价策略

这种策略不根据品牌、规格或型号制定产品价格，而是将同类产品划分为几个档次，为每个档次的产品制定一种价格，这样既简化了企业的价格、进货、销售等项管理工作，也适应了消费者的求便心理。使用这种策略要注意产品档次划分的合理性及要确定能为消费者所接受的定价水平。

10. 组合定价策略

如果企业同时生产或经营在使用上具有关联性的几种产品，就可以为这几种产品制定相互补充的组合价格。一般是为消费者购买次数少且对价格敏感度较高的产品制定较低价格，为消费者购买次数多且对价格不太敏感的产品制定较高价格，这样既能吸引消费者购买，高低价相抵后企业也有利可图。例如，同时生产打印机和墨盒的企业，对消耗品墨盒制定比较高的价格，但对耐用的打印机制定较低的价格甚至可以购买墨盒送打印机。

11. 折扣定价策略

折扣定价策略是针对消费者的求廉心理，将产品的价格做临时性的降低。这种策略是对产品价格的限时调整，具有临时性，不同于一般的价格调整。使用折扣定价策略一定要注意使用的时机，最好选择在节假日，这样能更好地烘托气氛，也能改善企业形象，同时也要注意不能让消费者发现打折规律。

12. 反向定价策略

反向定价策略是先进行市场调查，了解消费者对于产品的期望价格，再据此制定产品价格。这样制定的价格更能适应目标消费者的支付能力与心理要求，产品上市后也更容易迅速打开销路。

13. 综合定价策略

综合定价策略也叫作安全定价策略。就是定价时把产品的生产成本、送货安装费用、维修费用、易损部件的费用等进行综合考虑，来制定产品价格。这样做虽然会增加产品价格，但能提高产品的可靠性与安全性，使消费者增强安全感，因此颇受消费者欢迎。

课题 3　消费心理及行为与调价策略

案例导入 1：

经过一个月的实习，玉菲已经基本熟悉了各种产品的价格，工作开始得心应手起来。但是这天华海又发现玉菲愁眉苦脸地对着一堆价格单发呆。华海好奇地凑过去问："怎么啦？"玉菲说："别提了，我好不容易背熟了这些产品的价格，现在价格又变了，这个降两毛，那个涨三块，你说，为什么价格要变来变去啊？"听着玉菲的抱怨，华海也不知怎么回答，回忆起计算机产品的价格也会发生变动，但自己以前还从来没有想过这个问题，到底是什么原因导致产品价格的变化呢？

请思考并回答以下问题：

1. 请列举你在生活中曾经遇到过的出现价格变动的产品。

2. 你认为产品价格出现变动的原因有哪些？

一、价格调整的原因

产品价格的变动直接影响到消费者的切身利益，必然会引起消费者心理行为方面的反应。一般企业进行价格调整的原因有以下几点：

1. 产品成本和费用的变化

许多产品的单位产品成本和费用在不断发生变化。随着科学技术的进步和企业经营管理水平的提高，成本和费用下降时，企业就有条件适当降价。而当原材料价格上涨，或者生产、管理费用提高而导致成本和费用增加时，企业为了减少成本压力，保证利润率便需采取提价策略。这也是所有产品价格调整的主要原因。

2. 供求关系的影响

对一些产品在企业生产能力过剩，产品供过于求，但是企业又无法通过产品改进和加强促销等工作来扩大销售时，就会考虑降价。而对另一些产品来说，在需求旺盛，生产规模又不能及时扩大而出现供不应求的情况下，可以通过提价来遏制需求，既可以取得高额利润，在缓解市场压力、使供求趋于平衡的同时，又为扩大生产准备了条件。

3. 货币购买力的变化

在通货膨胀条件下，货币的购买力会降低，为了适应通货膨胀，减少企业损失，企业只好提价，将通货膨胀的压力转嫁给中间商和消费者。而当货币购买力增加时，产品价格则下降，如购买进口产品时遇到人民币对外币汇率上涨，进口产品的价格就会降低。

4. 宏观环境的变化

政治、法律环境及经济形势的变化也会引起价格变化。例如，政府为了实现物价总水平的下调，可以通过政策和法令迫使企业的价格下调，而政府为了保护本地企业也可能通过税收等手段迫使外地产品价格上提。又如在市场疲软、经济萧条时期，价格总水平下降，为适应消费者的购买力水平，企业产品价格也应随之降低。

5. 企业战略的影响

企业在不同时期、不同经营条件下会出于特定的目的制定不同的营销战略，产品的价格也会随之进行调整。当企业面临困境急需回笼大量现金或需要开拓新市场，又或者想排挤竞争者时，为了吸引消费者购买，倾向于调低产品价格。而当企业想要塑造优质名牌形象时，可以利用提价使消费者产生价高质优的心理定势，以提高企业知名度和产品声望。

由于产品价格的调整所引起的消费者价格心理的反应是十分复杂的，所以，在调整产品价格时，除了要考虑以上产品成本、市场供求状况、国家有关政策等客观因素之外，还要注意消费者心理活动的研究，使调整后的价格尽可能适应和满足消费者的心理要求，使价格的促销作用得以更好地发挥。

课堂训练

企业在下列前提下更倾向于提价还是降价呢？请在正确选择下面打钩。

价格调整前提	提价	降价
企业需要抢占市场		
产品生产成本下降		
市场同类产品供不应求		
塑造优质品牌形象		

案例导入 2：

这天华海店里来了三位中年太太，其中李太太想要为儿子买一台液晶显示器，华海热情地为她介绍各种厂家的显示器。在一台价格较低的显示器前，华海介绍说：“这台现在买很划算，上个星期我们还卖 999 元，现在厂家降价了，799 元就可以买到。”看得出来李太太对这款显示器的价格还是挺满意的，但她想了想，问道：“这台的款式会不会太旧了，我怕买回去厂家立刻就推出新款，儿子肯定会不高兴的。”还没等华海回答，听到两人对话的梁太太对李太太说：“我听说厂家降价的产品要么是次品，要么就是没人买的，我觉得你还是再看看吧。”李太太还是有点犹豫。这时林太太搭话了：“我买东西一定是挑名牌和贵的，我一向都不买降价产品的。”听了林太太的话，李太太脸上有点挂不住了，她笑笑对华海说：“不好意思，我还是先看看吧。”

华海还是非常有礼貌地送走了三位太太，对同事感叹说：“看来降价也不是万能的啊。”“是啊，原来降价也是一门学问呢。”同事答道。那降价到底会给消费者的心理带来哪些影响呢？我们又应该怎么做才能让降价起到促销的作用呢？华海不禁又陷入了沉思。

请思考并回答以下问题：

1. 你认为李太太出于什么考虑最后没有买那台降价的液晶显示器？

2. 产品价格的降低会给消费者心理带来什么影响呢？

二、降价策略

降价是现代市场竞争的常用手段，当企业遇到生产成本降低、竞争者增加或企业想要扩大市场占有率等情形时，都会考虑降价这一手段。

1. 降价与消费者心理行为反应

一般情况下，产品价格下降，提高了消费者的购买能力，对消费者有利，会激发消费者的购买欲望，促使他们大量购买这种降价产品。但在现实中，因消费者普遍存在"买涨不买落"的心理，使得降价的结果却恰好相反。产生这种结果的原因有以下几个方面。

（1）消费者认为降价是由于产品本身品质下降造成的。人们通常认为价格具有衡量产品价值和品质的功能，"一分钱，一分货"就是这种心理的体现。

（2）消费者认为凡降价产品，大都是过时、滞销的积压品或者是低档品，企业很快有新产品问世，老产品就会被淘汰。

（3）消费者认为购买降价产品会丢面子，有失身份。

（4）消费者认为产品已降价，可能还会继续降，只需耐心等待，就可以买到比现在更便宜的产品。

2. 产品降价的心理策略

有一句在商界流传很广的名言："世界上没有能不被减价两分钱所征服的品牌忠诚者。"针对消费者对价格的心理和行为反应，企业可以采用以下策略来发挥产品降价的促销功能。

（1）准确把握降价的时机

企业如果降价得过早，会失去更多的获利，如果降价得太晚，又会导致消费者不满或造成产品积压，因此把握降价时机非常重要。一般而言，已过流行期的产品，应立即降价。季节性产品，在换季前后应及时降价。而对于一般产品，进入成熟期后期时就应考虑降价。对于某些特殊产品，由于技术上的明显改进而使成本大幅度下降后，也应相应降低价格。

课堂训练

你认为适合表5—3中产品的降价时机是什么时候？

表5—3 调查表

产品	降价时机
手机	
夏季服装	
液晶电视	

（2）降价的幅度要适宜

企业降价的目的是扩大销售，所以降价幅度不能过小，否则就不能引起消费者的注意和兴趣。但是降价幅度也不能太大，因为幅度过大不但会增加企业的损失，还会使消费者产生怀疑，同样达不到促销的目的。很多企业的实践经验表明，3%～30%的降价幅度比较适宜。如果降价幅度超过50%，消费者就会对降价产品的质量产生猜测和顾虑，丧失购买信心。

（3）灵活运用各种降价技巧

企业要为降价设定一个主题，降价前要做好各项宣传工作，这样可避免消费者因降价产生逆反心理，而对企业品牌形象带来负面影响。企业在降价的同时也要保持价格的相对稳定。如果短期内连续降价，就会使消费者的顾虑心理加重，不信任感加强。而降价后保持一段时间的稳定价格，会让消费者产生“机会难得”的心理效应，从而珍惜机会，提前购买或多买。当然也要注意采用多种降价的形式，除了直接降价外，还有多种形式可以灵活使用。由于变相的降价方式具有较强的灵活性，在市场环境变化的时候，即使取消也不会引起消费者太大的反感，同时又是一种促销策略，因此在现代经营活动中运用越来越广泛。

变相的降价形式有：折扣，赠送样品和优惠券，实行有奖销售，给中间商提取推销奖金，允许消费者分期付款，赊销，提供免费或优惠送货上门、技术培训、维修咨询，提高产品质量，改进产品性能，增加产品用途等。

案例导入 3：

最近华海在为一件事情头疼，那就是因为制造计算机的原材料涨价，导致供应商那边的来货价贵了很多。因为涨价幅度比较大，自己已经消化不了了，如果要将成本的提高转嫁给消费者，又担心消费者不能接受，影响销量。这几天，华海一天到晚就在想办法解决这个矛盾，如果提价，消费者会有什么反应呢？有没有办法可以提高价格，又不会让消费者不满呢？

请思考并回答以下问题：

1. 请你帮华海分析一下，如果对店内产品进行提价，消费者可能会出现哪几种反应？为什么？

2. 你认为华海应该怎么做才能消除提价对消费者心理及行为带来的不利影响？

三、提价策略

物价总是呈现上升趋势的，同时消费者收入也在不断增长，因此价格上提也是一种正常的经济现象。

1. 提价与消费者心理行为反应

产品提价对广大消费者的经济利益总是不利的，消费者心理上自然对产品提价有一种不愉快的本能反应。因此，从理论上说，提价会抑制消费者的购买欲望，挫伤他们购买的积极性，减少他们的购买量。但是现实中也会存在与此相反的情形，主要有以下几种：

（1）消费者认为提价是因为产品有新用途，产品性能有重大改进或有流行的趋势，要赶紧购买。

（2）消费者认为是因为产品的供不应求导致的提价，为避免断货应立即购买。

（3）消费者认为产品已经提价，可能还会继续上提，应尽快抢购，以防将来购买会更吃亏，或预期购买后该产品会有升值的空间。

课堂训练

请你解释一下为什么楼价涨得越高（不超过消费者的承受能力），就有越多的人去买房？

2. 产品提价的心理策略

（1）准确把握提价的时机

提价通常会使消费者有不愉快的感觉，但如果能选好时机，就能减弱消费者的这种不愉快感。如逢年过节，人们的心情好，购买欲望旺盛，承受能力较强，这时候提价，就能一定程度地缓解人们的不良心理反应。还有，当相关产品，特别是同类产品纷纷降价时，也是提价的好时机，它往往通过消费者的“逆反心理”和“比值比质”等心理而发挥作用。但是不管是什么时候提价，都要注意控制提价的次数，以免造成消费者不满。

（2）掌握好提价幅度

企业要根据市场调查结果，确定合理而有效的提价幅度，要在能达到预期目的的同时，又能被消费者所接受。如果需要提价的幅度较大，可分若干次提价，使其不超出消费者的感觉阈限，让消费者有一个逐步适应并形成新习惯的过程。

（3）灵活运用各种提价的技巧

在提价前要对提价的原因作出明确的解释与说明，争取消费者的理解与配合。要灵活采用各种提价的方法，除了直接提价外，还可以通过减少折扣、服务收费、搭配销售、更换包装等多种方式达到提价的目的，从而弱化价格上提对消费者心理产生的负面影响。

思考与练习

一、分组实训

任务单

<table>
<tr><td>任务名称</td><td>消费心理及行为与价格策略实训</td><td>组长</td><td></td><td>组员</td><td colspan="2"></td></tr>
<tr><td>任务描述</td><td colspan="6">根据产品特点和消费者的价格心理，分组设计出经营者的价格策略，并根据需要对价格进行调整</td></tr>
<tr><td>任务准备</td><td colspan="6">1. 建议 4～6 人为一个小组，组长带领组员复习本模块
2. 以组为单位选定一种产品，并了解该产品现行的市场价格</td></tr>
<tr><td>任务实施</td><td colspan="6">1. 组内每个同学列出购买选定产品时自己的表现，分析自己购买时的心理特征；同时记录自己对这种产品的价格判断，并分析影响自己价格判断的因素
2. 根据消费者的价格心理，讨论、制定适合的定价策略
3. 针对该产品开展为期两周的跟踪调查，根据环境的变化，考虑是否对该产品价格进行调整，并设计价格调整的倾向
4. 分组陈述、交流，总结影响消费者心理及行为的相关价格策略</td></tr>
<tr><td>任务记录</td><td colspan="6"></td></tr>
<tr><td rowspan="3">任务评价</td><td>评价项目</td><td colspan="5">消费心理及行为与价格策略实训</td></tr>
<tr><td>评价指标</td><td>正确恰当（6分）</td><td>较为准确（5分）</td><td colspan="2">能够完成（3分）</td><td>需要帮助（2分）</td></tr>
<tr><td>评价</td><td></td><td></td><td colspan="2"></td><td></td></tr>
</table>

二、连一连

1. 需求旺盛，出现供不应求的情况下企业可以选用的策略

2. 容易导致消费者怀疑产品为滞销品、过时品的策略

3. 针对消费者求廉心理，大幅降低某些产品的价格，吸引大量消费者到达购物现场的策略

4. 针对消费者的心理，日常生活类产品和生鲜蔬菜类产品适用的定价策略

5. 具有关联性的几种产品，为消费者购买次数少且对价格较敏感的产品制定低价，为消费者购买次数多且对价格不太敏感的产品制定高价的定价策略

A. 习惯定价策略

B. 组合定价策略

C. 招徕定价策略

D. 提价策略

E. 降价策略

三、案例分析

周末，阿珊和朋友去本市最大的购物广场逛街，在一家著名品牌专卖店内看中了一条裙子，标价 980 元，她觉得有点贵了。但身边的朋友却说："不贵了，你不看看这是什么牌子的，质量多好啊，在这里买衣服差不多都是这个价格。而且你想想，这件衣服穿出去多有面子啊。昨天阿玲还说她穿的那条裙子要 1 100 元呢，我觉得还没这条漂亮呢。"阿珊犹豫地说："要不等到换季再买，到时候会便宜点。""到那时就过时了，还是现在买吧。"朋友鼓励她说。最后，阿珊还是决定买下这条裙子。

请阅读案例，根据本模块所学知识回答下列问题：

1. 为什么阿珊会觉得裙子贵，但是她的朋友却觉得划算呢？两人的表现体现了她们的价格心理特征有哪些不同？

2. 阿珊和她朋友是通过什么去判断裙子价格高低的呢？影响她们判断的因素有哪些？

3. 该品牌用了哪种定价策略去制定裙子的价格？

4. 为什么裙子到换季时会降价？那降价会不会影响该品牌的形象呢？

模块六 消费心理及行为与促销策略

学习目标

1. 能模拟人员推销的过程
2. 能结合产品及消费者的特点设计商业广告
3. 能选取恰当的营业推广方法对消费者心理进行影响
4. 能综合分析消费者心理，给具体产品设计促销组合方案

课题 1　消费心理及行为与人员推销策略

案例导入：

某天，华海去超市时路过 A 店，看到一件短袖上衣的颜色和款式很好，并且销售员说正在促销，折扣后才 110 元。华海试了常穿的尺码，很贴身，就买下了这件上衣，服务员很高兴地看着华海交钱后，将包装好的衣服给了他，并恭恭敬敬地说："谢谢您，下次再来！"

华海刚走出 A 店两步，被旁边 B 店一个满脸笑容的女销售员叫住了，她说："先生，买了一件漂亮的上衣，不配条裤子吗？"她的一句话提醒了华海，是缺一条裤子呀。她紧接着说："我们家刚到了许多新款的裤子。"

说着就把华海带到了许多男士裤子的面前，并且给他推荐了好几种款式和颜色，华海最后选了一条黑色的裤子成交了。随后，她又对华海说："你可以拿着付款单去领取个小礼物，我带你去。"

华海走出了 B 店的门，A 店的销售员诧异地看着他说："我们家也有裤子呀！"华海说："你们没有给我介绍呀？而且我也没有看到呀，本来去一次收银台多好，哎！"

请思考并回答以下问题：

1. 打动华海购买衬衣的原因是什么？

2. 华海为什么没有在 A 店买裤子，却在 B 店购买了？

3. 对比 A、B 店的销售员，你觉得有什么异同？

一、人员推销对消费者的影响

人员推销常常被认为是“营销武器库中最具威力的一种武器”，因为它能影响消费者的决策。

传统的人员推销着眼于简单的兜售、信息传递，而在新营销时代，人员推销已经发展成为营销导向的消费者伙伴关系管理。经过专业培训的销售人员，在与消费者接触过程中可以表现得更加灵活，能够对消费者的各种反馈作出及时的判断和处理。不仅能提供一般性的产品或品牌服务，还可以根据消费者的特别需要进行个性化的沟通和服务；不仅是推销产品，还是消费者工作生活、休闲娱乐的参谋；不仅是消费者购买产品或服务时的销售代理，还是与消费者保持长期联系的合作伙伴和朋友。如今，销售人员与消费者的关系正在朝着长期化、共生化的方向发展。

课堂训练

说说和你互留联系方式的销售人员有哪些？互留联系方式有何利弊？

人员推销的优点是能不时地以个人的、双向沟通的形式向消费者提供服务，帮助消费者清晰地说出他们的需求，选取有劝说性的销售信息来对这些需求作出回应，并对消费者的反应或利害关系进行处理，以达成一个互相估价的交易。

但是人员推销所传递的信息常常被消费者认为是主观的、有倾向性的。许多消费者反感销售人员拨打销售电话或是拦路推销的情境，也有的消费者不喜欢销售人员操纵别人的态度。部分销售人员会强行说服或者对消费者施加某种压力，以促使其购买产品。这种方法除了增加消费者的不信任和反感之外，并没有多大实际效果，严重的话还会导致消费者撤销销售协议或解除关系。

从销售实践来看，具体销售过程中的重点并不是讲述而是询问。销售人员在产品介绍中所担负的并不是进行有力的销售说明，而是向预期消费者提出适当的问题，了解他们的需求，并将讨论和协商引导到特定方向。有经验的销售人员在销售中往往鼓励消费者成为交谈的主体，而自己则以倾听为主，从消费者的交谈中发掘需求和销售机会。人员推销流程如图 6—1 所示。

图 6—1　人员推销流程

人员推销具有明显的人际传播色彩。销售人员必须先询问消费者有什么需要或面临什么问题，对此加以确认，整理消费者内心动态。经过分析，销售人员向预期消费者展示初步解决方案，观察消费者的心理变化，与消费者多次磨合，不断调整、接受消费者的需求，最终设计出一套合理的解决方案。

二、人员推销的策略

传统营销着力于创造规模效应，而现代营销则注重于寻找差异化所在。每一个消费者都可以被看作是一个独立的个体，因此人员推销中的每一次接触就是一次个性化营销。有数据显示，在服务业中成交一笔生意平均只需 2.7 次访问，而在制造业中则需要 4.4 次。在考察人员推销成本时，还须考虑人员推销的性质、目标，能否有效地传达这些信息等。

1. 消费者心理状态细分

销售人员需要了解消费者的心理状态，并根据消费者的需求提出对应的解决方案。消费者在整个销售过程的不同阶段想法是会变化的。作为销售人员，需要读懂消费者的心理，尊重消费者的心理活动过程。消费者心理阶段分析见表 6—1。

表 6—1　消费者心理阶段分析

阶段名称	消费者心理状态	应对策略
满足阶段	消费者没有什么需求，对现在拥有的产品各方面都比较满意	销售人员这个阶段不要急于把自己的产品推销给消费者，需要以退为进，不断地刺激消费者的心理
认知阶段	消费者认为现在拥有的产品还没到最糟糕的时候，现在还能用	这个阶段的消费者也是不容易成交的，销售人员可以扮演专家或者顾问的角色，事先让消费者认识到问题的严重性或者事态的危害性，需要把消费者引导到决定阶段
决定阶段	消费者拥有的产品突然出现质量问题或者是小问题累积到一定程度的一个爆发	这个阶段消费者心理会出现反弹，需要销售人员的引导强化，最终引导消费者作出决定

续表

阶段名称	消费者心理状态	应对策略
权衡需求阶段	消费者会在自己心里列出需求明细，主动寻求咨询	这个阶段销售人员可以询问消费者购买产品需要满足哪些重要条件，并且用自己的知识体系帮助消费者找到自己的需求
明确定义阶段	消费者进一步询问，表达具体需求	这个阶段销售人员不要向消费者推销，需要再进一步的询问，明确消费者的需求，做到量化、标准化，准确无误地定义消费者的需求
产品评估阶段	消费者货比三家，对产品的价格、性能、配送、售后等多方面进行比较、权衡	这个阶段销售人员应做到知己知彼，明确自己产品相较其他产品的优缺点，用自己的专业知识留住消费者
抉择阶段	消费者决定找谁买、用什么样的价格买和什么时候买	这个阶段销售人员应不断跟踪消费者的决定，如果消费者选择别家但没有支付订金的时候，可以用产品评估阶段的方法来让消费者重新作出选择
后悔阶段	消费者在作出抉择后可能会后悔，如后悔当时选择的颜色、价格、品牌等方面	这个阶段如果消费者购买的是自己的产品，要想办法消除其不满情绪，做好客户维护工作。如果消费者不满的是其他产品，要趁机将其转化成自己的消费者

消费者的心理会在这八个阶段不断循环，周而复始。从最开始的满足阶段到最后的后悔阶段，又从后悔阶段回到满足阶段。销售人员应该第一时间了解消费者处于什么样的阶段，有针对性地去解决消费者的问题，从而达到预期销售目的。

课堂训练

推销员小李跟铁路部门的一个主管约好下午一点过去洽谈团购事宜。时值夏天，天气炎热，结果该主管忙着其他的事忘记了约谈，小李在大门口一等就是三个小时。当主管回来时，看到小李还在那等着，整个人跟蒸了桑拿似的，当时大为感动，说道：“这么热的天，你就回去吧，干吗非要在这等我啊，你不怕中暑啊！”小李说：“跟您约好了，就是天再热，时间再长，我也会等的。”主管当即拍拍小李的肩膀说："小伙子回去吧！今年中秋的团购就做你们的了，你们的产品是名牌，人也不错。节前提个样品过来签合同就行了。"结果一连几年的团购协议都是跟小李签的。

请讨论小李的做法是否参考了前面几个阶段？他成功的原因是什么？

2. 人员推销与客户关系管理

销售人员除了开拓新消费者，也经常担任企业公共关系的角色，直接处理有关消费者与企业沟通的问题。潜在消费者大都是从企业的广告、直接营销或者其他促销活动中产生的，他们大都已经有过一定的产品或品牌接触体验。

销售人员通过对消费者的了解，发现其可开发和获利的价值，进一步实施面对面的接触，形成交易。传统的销售人员很少把精力投入到维护老客户上，现在，越来越多的销售人员了解维护老客户的重要性，通过各种电子方式维护与老客户的关系，并开展老带新的人员推销手段，以吸纳新消费者。

销售人员可以把自己塑造成一个传递价值的平台，通过内容营销维护老客户。以微信平台为例，销售人员可通过微信朋友圈直接发布产品的介绍、图文、视频，吸引消费者阅读，然后在这个基础上，营销转化就会变得顺理成章了。

课堂训练

如果你有销售兼职的经历，并有成功销售产品的经历，请回忆你是如何做到的？

课题 2　消费心理及行为与商业广告策略

案例导入：

最近华海发现经常有快递员敲门送来唯品会的快递包裹，大多都是妹妹玉菲网购的新衣服。华海看到家里堆积起来的包裹，自己却很少涉猎这个网站，不禁对它产生了浓厚的兴趣。

华海在调查过程中发现，唯品会是将微信朋友圈作为主要营销推广渠道。在周年庆、特卖节等特殊营销节点，唯品会在目标用户朋友圈以原创内容形式展示原生广告，吸引用户点赞、评论，并引发用户自主传播。这一做法有效地吸引了大量目标用户，同时通过公众账号广告强化正品限时特卖这一品牌特色，塑造品牌差异化，从而在激烈的市场竞争中脱颖而出。

请思考并回答以下问题：

1. 请列出 3 条你最近在朋友圈接收到的广告信息，并选出一条最能打动你的，说说原因。

2. 唯品会是如何利用朋友圈广告接触到消费者的？

3. 请上网调查一下朋友圈广告的收费情况。

商业广告，就是向消费者宣传某一产品的性质、特点、功能和作用，其目的是刺激和诱发消费者的购买欲望和购买行为。在现代社会中，广告是产品促销的主要形式，它的对象是消费者。消费者的心理活动直接支配其购买行为。企业在进行广告策划及制作时，首先应当充分了解各个类型、各个层次的消费者心理，在消费者心理上做文章，以投其所好和竭诚的优质服务，尽可能满足消费者的心理需求。

一、商业广告的媒体特点与选择

媒体是指将信息传播给大众的工具，是生产者和消费者之间的中介物，又称媒介。信息必须借助媒体，配合图片、文字、色彩三种最有力量的传播符号互相补充说明，以视觉为接受基础。

商业广告媒体的选择既是技术也是艺术，成功的媒体策略就是在分析目标消费者特点、产品特点和媒体特点的基础上求得三者的统一。

消费者的行为是存在差异性的，这种差异性的表现之一就是消费者接触各种媒体的习惯是不同的。要选择适合的媒体投放商业广告，就必须了解各个媒体的特点，才能有的放矢。商业广告的媒体特点见表6—2。

表6—2　　商业广告的媒体特点

分类	媒体	特点	案例
视觉媒体	报纸媒体	1. 发行普遍及时，时效性强 2. 广告和新闻在一起，提高效力 3. 新闻准确，容易获得消费者信任 4. 可以保存	广州日报（旅游广告）
	杂志媒体	1. 有效时间长 2. 印刷精美 3. 广告编排紧凑、整齐 4. 篇幅无限制 5. 可以保存	时尚芭莎（香水广告）
	户外媒体（售卖场所广告、霓虹灯、车厢、路牌、灯箱、气球）	1. 易增强企业印象，老少易懂 2. 设计独特、新颖 3. 形式多样 4. 受所在现场的限制 5. 需要维护整理	公交车车身广告（二手车广告）
	邮寄媒体（小册子、函件）	1. 印刷成本高 2. 阅读率高 3. 展示清晰	宜家宣传册（新产品及促销信息）

续表

分类	媒体	特点	案例
听觉媒体	广播媒体	1. 价格便宜 2. 传播面窄（司机、老人） 3. 不易存储	FM103.9 交通广播（汽车 4S 店广告）
	网络电台媒体	1. 能够详细说明产品 2. 不受时间限制，可以保存 3. 音乐、内容与广告间隔播出	喜马拉雅 FM—巴巴妈妈讲故事（儿童用品广告）
	电话媒体	1. 不受空间限制，操作简单 2. 对预期消费者作反复诉求 3. 对象范围和人数可掌握 4. 容易遭到消费者的反感	中国电信（宽带升级业务广告）
视听两用媒体	电视媒体	1. 形声兼备，深入家庭 2. 高度娱乐性 3. 声像并茂，吸引力强 4. 费用高昂	广东 TVS 儿童频道（儿童饮料广告）
	电影院媒体	1. 一次性掌握多数观众 2. 注意力集中 3. 强制性说服力 4. 广告费用低	天河城飞扬影城（社交媒体广告）
	表演性媒体	实地操作表演	万佳超市（玻璃刷广告）
	网络媒体	1. 成本低 2. 打破时间、地域的局限性 3. 精准性强 4. 形声兼备 5. 高度娱乐性 6. 转化率高	淘宝网（海景房广告）

一个具有良好创意的广告，就一定能收到应有的效果吗？未必。广告媒体的选择同样对广告效果产生影响。广告要做给买家看，广告主必须选择买家能看爱看的媒体，广告才能出效果。消费对象有怎样的媒体接触习惯，喜欢看哪些节目、哪些频道，在什么时间看等，都是媒体选择必须重视的问题。

一个节目或频道不能简单地因其收视率高便称其“好”，反之则称其“差”。传统的黄金时间概念也不应束缚我们对收视时段的思考。例如对于上班族而言，晚间七八点钟的广告时间就不一定比十点以后的时段好，如保险的广告可能会选择在深夜播出，因为考虑到为事业和家庭打拼的白领通常回家较晚，同时夜深人静时人们更能以平静的心情来思考对高关心度产品的选择。每个群体差异是非常大的，并不是都能“假如”出来的。基于此，在选择媒体前一定要熟悉市场，并有较深入的市场研究和消费者调查，这样作出的结论才是基于理性的分析而非简单的猜想，才会更有说服力。

课堂训练

你接触最多的媒体是什么，你最喜欢的媒体是什么？它们有什么吸引你的地方？

二、商业广告对消费者的影响

商业广告是企业引发消费者购买欲望，改变消费者购买决策的一种有效的方式。商业广告是通过付费的方式，借助媒体把产品、服务信息传递给人们，以便广泛宣传、促进销售。

商业广告的诉求方式，应该是从消费者的心理出发，分析消费者的情感取向，通过准确的定位，达到促进销售的目的，完成商业广告的促销功能。

1. 商业广告帮助消费者丰富生活

任何一种新产品的问世，都是为了满足消费者的某种需求，改善消费者的生活条件，丰富消费者的物质与文化生活，提高消费者的生活水平。每一项新产品的问世和投放市场，都必须通过广告把有关产品和市场的信息传播给消费者，使消费者产生购买行为，才能达到满足消费者需要的目的。

2. 商业广告刺激消费者的个人消费

商业广告能够帮助消费者对个人消费品进行选购。指导消费者合理地采购物品以改善个人或家庭的生活条件和工作条件，这是商业广告最基本的功能。商业广告的连续出现，就是对消费者的消费兴趣与物质欲求进行不断地刺激，从而引起消费者的购买欲望，进而促成其购买行为。

3. 商业广告向消费者传授知识

商业广告五花八门，宣传着各种各样的新产品，同时也在给消费者传授着各种各样的有关生活、工作的新知识。由于商业广告有很大一部分是宣传新发明、新创造的产品，它必须花一定的时间去详细讲授和介绍这些新发明和新创造的原理和产品的工作机制，介绍产品的特性、用途和使用方法，从而通过广告简洁地把有关新发明、新创造的知识传授给大众。

商业广告是否有效，不仅仅是通过简单的文字、画面、表现形式、艺术技巧等应用就能够奏效的，更主要的是取决于该商业广告是否激发了消费者的情感。消费者在观赏广告时，如果能使其某方面的情感得到满足，产生美好的回忆，就会激发其购买欲望和购买行为。反之，消费就不会实现。此时，研究商业广告中所蕴含的情感因素以及情感诉求方式就显得尤为重要。商业广告中的情感诉求是诉诸消费者的情绪或情感的反应，传达产品带给他们的附加值或情绪上的满足，使消费者形成积极的消费态度。用这些规律来指导广告策划、创意和广告制作的全过程，可以使广告定位更加准确，广告内容更加生动、更富感染力，广告也就更容易被消费者接受、认可。

三、商业广告表现技巧

如果一种广告无法吸引消费者的注意，那么即使此种广告频繁、大量地出现，也无效果可言。通常可以吸引消费者注意的商业广告表现技巧包括直接展示法、突出特征法、对比衬托法、合理夸张法、幽默法、比喻法和悬念安排法等。

1. 直接展示法

将某产品或主题如实地展示在广告上，充分运用摄影或绘画等技巧的写实表现能力，着力渲染产品的质感、形态和功能用途。这种手法由于直接将产品推向消费者，所以要十分注意画面上产品的组合和展示角度，应着力突出产品的品牌和产品本身最容易打动人心的部位，运用色光和背景进行烘托，使产品置身于一个具有感染力的空间，这样才能增强广告画面的视觉冲击力。

2. 突出特征法

运用各种方式抓住和强调产品或主题本身与众不同的特征，并把它鲜明地表现出来，使观众在接触广告的瞬间即有感受，对其产生注意和发生视觉兴趣，达到刺激购买欲望的促销目的。

3. 对比衬托法

把不同的产品、现象，从对比所呈现的差别中，实现集中、简洁、曲折变化的表现。通过这种手法更鲜明地强调或提示产品的性能和特点，给消费者以深刻的视觉感受。

4. 合理夸张法

借助想象，对广告作品中所宣传对象的品质或特性的某个方面进行合理的夸大，以加深或扩大人们对这些特征的认识。夸张就是一般中求新奇变化，通过虚构把对象的特点进行夸大，赋予人们一种新奇与变化的情趣。夸张可以分为形态夸张和神情夸张两种类型，前者为表象性的处理，后者则为含蓄性的情态处理。通过夸张手法的运用，为广告的艺术美注入浓郁的感情色彩，使产品的特征更加鲜明、突出、动人。

5. 幽默法

广告作品中巧妙地再现喜剧性特征，抓住生活现象中局部性的东西，通过人们的性格、外貌和举止的某些令人愉悦的特征表现出来，以别具一格的方式，发挥艺术感染力的作用。

6. 比喻法

在设计过程中选择两个在本质上各不相同，而在某些方面又有些相似性的事物，以此物喻彼物，比喻的事物与主题没有直接的关系，但是某一点上与主题的某些特征有相似之处，因而可以借题发挥，进行延伸转化，获得“婉转曲达”的艺术效果。

7. 悬念安排法

广告设计时留下悬念，使人对广告画面乍看不解题意，驱动消费者的好奇心，开启消费者积极的思维联想，吸引消费者进一步探明广告题意，然后通过广告标题或正文把广告的主题点明出来，使悬念得以解除，给消费者留下难忘的印象。悬念安排法有相当高的艺术价值，它能加深矛盾冲突，吸引消费者的注意力，产生引人入胜的艺术效果。

除了以上广告表现技巧外，商家还经常会使用植入式广告。植入式广告也叫植入式营销，是指将产品或品牌代表性的视觉符号甚至服务内容策略性融入电影、电视剧或者电视节目内容中，通过场景的再现，使观众对产品及品牌留下深刻的印象，继而达到营销的目的。

课堂训练

2015年1月，微信首次测试朋友圈广告功能，6张图片和链接组成的广告形式迅速吸引了众多广告主的眼球。宝马、可口可乐、VIVO手机等品牌相继在朋友圈投放了广告。

梅赛德斯—奔驰的广告更是令人印象深刻，它联袂格莱美最佳音乐短片获奖导演打造嘻哈风音乐短片。当每一句广告词都用说唱的形式展现给大众时，人们印象中那个本该严谨专注的汽车品牌，顿时变得很酷、很潮，符合当下年轻人特立独行的生活态度。在广告的结尾部分，巧妙转折到梅赛德斯—奔驰“心所向，驰以恒”的品牌理念，一气呵成，成功提高了消费者对品牌的认同感和好感度。

请搜索梅赛德斯—奔驰广告视频并观看，说说其中用到了哪些广告表现技巧。

课题 3　消费心理及行为与营业推广策略

案例导入：

学校要举办跳蚤市场销售大赛，第一名的奖品是 1 000 元。玉菲也报名参加了比赛，她的小组抽到的产品是优盘，要制定一个为期 3 天的推广计划。玉菲马上想到了哥哥，让哥哥回来出谋划策，好让他们组能赢得比赛。

请思考并回答以下问题：

1. 请分析在本次比赛中优盘的目标消费者是哪些？
2. 这次销售比赛适合采用短期的销售策略还是长期的销售策略？
3. 你对玉菲的小组参赛有什么好的建议？

一、营业推广对消费者的影响

营业推广是一种适宜短期推销的促销方法，能够迅速刺激消费者需求和引起消费者购买。营业推广是企业常用的促销手段，是企业为鼓励购买、销售产品和劳务而采取的除广告、公关和人员推销之外的所有企业营销活动的总称。营业推广对消费者的影响见表 6—3。

表6—3 营业推广对消费者的影响

序号	影响	说明
1	可以吸引消费者购买	在推出新产品时，营业推广的刺激比较强，较易吸引消费者的注意力，使消费者在了解产品的基础上采取购买行为，也可能使消费者追求某些方面的优惠而使用产品
2	可以捆绑忠实消费者	销售奖励、赠券等通常都附带价格上的让步，其直接受惠者大多是经常使用某品牌产品的消费者，从而使他们更乐于购买和使用该品牌产品，以巩固企业的市场占有率
3	可以提高单价	企业让利于购买者，令消费者以超出常规的购买量进行囤货
4	刺激强烈，但时效较短	消费者容易被活动结束的时间刺激，产生不理性的消费
5	消费者容易产生疑虑	过分渲染或长期频繁使用，容易使消费者对产品产生疑虑，反而对产品或价格的真实性产生怀疑

二、营业推广的类型与实施步骤

营业推广的类型包括：奖品、免费产品、赠券、有奖销售、减价、产品展示、在线推广、交易折扣、推广津贴、合作广告、红利和竞赛等。

营业推广的实施步骤包括：确定营业推广目标，选择营业推广形式，制定营业推广方案，推广方案的实施和效果评估。

1. 确定营业推广目标

企业的营业推广目标应符合企业整体营销目标，并依据目标市场的不同而有所差异，见表6—4。

表6—4 营业推广目标

推广对象	推广目标
消费者	鼓励和促进消费者对产品和服务的购买和使用，吸引潜在消费者的注意和试用，争取竞争产品的消费者
中间商	鼓励中间商对产品的销售、进货和储存，建立中间商对品牌的忠诚度
销售人员	鼓励销售人员大力开展推销工作，寻找和发现更多的潜在消费者，激励销售人员推销积压产品

2. 选择营业推广形式

为了更好地实现营业推广的目标，企业应该综合考虑不同对象的心理特征、市场类型、市场特点、推销目标、竞争情况及营业推广的成本效益等因素的影响，选择合适的营业推广形式，见表 6—5。

表 6—5　营业推广形式

推广对象	推广形式
消费者	礼品、赠券、有奖销售、减价、竞赛、产品展示、在线推广
中间商	交易折扣、免费货品、推广津贴、合作广告
销售人员	红利、竞赛、奖品

课堂训练

说说你比较容易接受的推广形式是怎样的？

3. 制定营业推广方案

完整的营业推广方案是企业实施营业推广策略的依据和指导。在制定推广方案时，应抓住目标人群的心理需求设计活动。推广方案能恰到好处地引发口碑传播，挖掘目标用户需求是第一道关键工作。快、准、狠地切入用户需求，不仅可以大幅度提高推广活动的转化率，还可以引发大众传播。可口可乐公司就曾经对自己的用户进行了分类和标签化，展开针对性的营销。其中针对名人、某公司的定制包装，引发用户疯狂传播，仅“歌词瓶”就令可口可乐公司整个汽水饮料销量增长 10%。营业推广方案的制定见表 6—6。

表 6—6　营业推广方案的制定

消费者心理	推广方案
追求影响力	激发 UGC（用户生成内容），引导传播
从众心理	使用明星效应，写好文案
情绪化，冲动消费	限时折扣
重视方便性	提高增值服务
重视价格	低价、数量促销
重视外观	美化包装，增强视觉效果

思考好活动方案后就要撰写完整的营业推广方案。方案的内容大致包括以下

几点：营业推广活动目标、营业推广活动时间、营业推广活动主题、营业推广活动流程、营业推广活动人员安排、营业推广活动预算等。

4. 推广方案的实施和效果评估

效果评估可以使企业发现营业推广中的问题，积累有效的推广经验。效果评估可以从不同的方面进行，最常用的方法是比较营业推广前、推广中和推广后的销售额变化，以确定营业推广的效果。

例如，一个企业在营业推广前拥有 6% 的市场份额，推广期间为 10%，推广后马上降低为 5%，过了一段时间后又回升至 7%。这些数据表明，企业的营业推广策略吸引了新的试用者，同时还激励了原有消费者的购买。营业推广活动后销售量下降，是消费者尚未用完前一段多购的产品所致。若市场份额回升至 7% 之后能够长期保持，则说明企业通过营业推广获得了一些新的使用者。

课题 4　消费心理及行为与公共关系策略

案例导入：

2015 年 7 月 11 日，某知名女作家在个人微博上发文，称自己在某购物网站上购买的水果是烂的，自己要求退款却遭到拒绝。此微博一出，即刻引起了网友的大量关注。1 小时后，商家提出全额退款，女作家拒绝了这个请求。7 月 13 日，女作家再次发表一篇名为《我要的是公平》的文章，表明自己拒绝和解的态度，并感叹“做一介草民好难”。7 月 14 日，商家在微博上公开向其道歉，购物网站方面进行转发并表示要加强自身服务。

华海、玉菲正在讨论这个热门事件。华海肯定购物网站和商家反应迅速，在事情闹大后即刻采取措施，这是企业应对危机的正确处理办法。玉菲认为购物网站和商家未将自己摆在用户位置上，选择了错误的解决方式。还称赞女作家懂得大众心理，抓住“想要普通百姓公平”及“做一介草民好难”两点发声，引起网友的共鸣，进一步将事件影响扩大。

请思考并回答以下问题：

1. 请说说你对华海、玉菲意见的看法。

2. 你认为购物网站和商家的处理方式是否合理？你有没有更好的办法？

一、公共关系的特点

公共关系是社会关系的一种表现形态。科学形态的公共关系与其他任何关系都不同，有其独特的性质。公共关系活动不直接和消费者产生交易关系，但对企业的知名度和美誉度的提高却有着深远的意义。

1. 情感性

公共关系是一种创造美好形象的艺术，它强调的是和谐的人事气氛、最佳的社会舆论，以赢得社会各界的了解、信任、好感与合作。

2. 双向性

企业一方面要收集民意以调查决策，改善自身，另一方面又要对外传播，使公众认识和了解自己，达成有效的双向意见沟通。

3. 广泛性

公共关系的对象可以是任何个人、群体和组织，既可以是已经与主体发生关系的任何公众，也可以是将要或有可能发生关系的任何暂无关系的人们。

4. 整体性

公共关系并不是要单纯地传递信息，宣传自己的地位和社会威望，而是要使人们对企业的各方面有所了解。

5. 长期性

公共关系的管理职能应该是经常性与计划性的，这就是说，公共关系不是水龙头，想开就开，想关就关，而是一种长期性的工作。

二、公共关系专题活动

公共关系专题活动能够引人入胜，给消费者以深刻印象，能得到新闻界的支持和报道，可以利用各种传播媒介进行传播。

公共关系专题活动主要有开业周年庆典、展销会、新闻发布会、赞助活动、参观活动等，见表 6—7。

表 6—7　　公共关系专题活动

类型	基本步骤	作用
开业庆典	拟出邀请宾客的名单→拟订程序表→布置场地→安排接待工作→安排服务人员→准备贵宾留言册→准备馈赠礼品→提前调试音响→签到→接待→剪彩→致辞→节目→参观、座谈或聚会→赠送纪念品	使消费者增加对企业的关注，为进一步了解企业打好基础
展销会	确定时间、地点→确定展销会的内容→确定展销会工作人员及责任→确定展销会的费用预算→公关活动安排→做好展销会的效果测定	使消费者通过同类产品的对比，产生对品牌的好感

续表

类型	基本步骤	作用
新闻发布会	确定举办新闻发布会的“由头”和时机→新闻发布会的准备工作和注意事项→对待记者的态度→发布会结束后的工作	引发消费者的关注和讨论
赞助活动	明确赞助的目的→确定赞助活动的类型→赞助的前期研究→制订计划→审核评定→具体实施→效果测定	增强对企业的好感，从而迁移到产品上
参观活动	准备宣传小册子→放映视听材料→观看模型→可引导观看实物→中途休息→分发纪念品→征求意见	使消费者了解产品的生产制作，增强企业的知名度

三、危机公关

企业除了要组织上述公共关系活动，有时还需要进行危机公关。此时，企业应果断采取应对措施，以便化解危机或把危机带来的负面效应控制到最低。

1. 把危机公关上升到一个战略的高度

“千里之堤，溃于蚁穴”，当企业发生危机时，不论事件大小都要高度重视，站在战略的高度谨慎对待。具体处理方式要具有整体性、系统性、全面性和连续性，只有这样才能把危机快速解决并把危害控制到最小。危机发生后，企业要由上至下全员参与，尤其是最高领导要非常重视，所有决策都要由其亲自确定并带头执行，以确保执行的有效性。

2. 发现问题的本质与根源

很多企业危机公关处理不利的原因是只看到了表面现象，哪里出了问题就抓哪里，而本质性的根源问题却没有解决，导致“治标不治本”，无法快速、彻底地解决危机，致使事态不断扩大。当企业发生危机时，应该先客观、全面地了解整个事件，然后冷静观察问题的本质及根源。一旦发生消费者投诉，接下来的 24 个小时非常重要。投诉处理若不及时，消费者就会寻找其他途径宣泄不满。

3. 迅速处理问题

企业发生危机时，反应速度要比救火的速度更快些，因为这比大火烧毁企业的厂房更危险，危机吞噬的是企业品牌的信誉，因此速度是危机公关中的第一原则。

4. 承担所有的责任

危机发生后，第一时间要把所有质疑的声音与责任都承接下来，不能含糊其词，不能态度暧昧，不能速度迟缓，并拿出最负责任的态度与实际行动，迅速对事件作出处理。其实很多危机发生后，媒体与消费者甚至是受害者并不十分关心事件本身，更在意的是责任人的态度。冷漠、傲慢、推诿等态度会增加公众的愤怒，把事件本身的严重性放大，甚至转移到企业的道德层面。

5. 保持良好的沟通

矛盾的 80% 来自缺乏沟通，当企业发生公关危机时，沟通是最必要的工作之一。公关沟通的具体操作见表 6—8。

表 6—8　公关沟通的具体操作

沟通对象	具体操作	目的
企业全体员工	了解事件细节，保持一致的口径、一致的行为	以便配合进行危机公关活动
投诉者	开通专线电话接听相关投诉，负责人亲自慰问与会见投诉者	平息其不满的情绪
媒体	第一时间向媒体提供真实的事件情况及随时提供事件发展情况	有效填补此时舆论的“真空期”，防止媒体和公众的恶意猜测
政府及相关部门	进行沟通	得到政府的支持或谅解甚至是帮助，控制事态发展

6. 让别人为自己说话

企业发生危机时若自身没有问题，通常都会第一时间反驳，这样的结果往往是即使弄清楚了事实的真相也失去了公众对其的好感，容易导致事件的扩大，拓展到企业诚信问题、社会责任问题等方面。

这种情况应该保持积极的态度配合调查，对媒体及公众的质问不做过多的言辞，尽快请第三方权威部门介入，让权威部门为自己说话，有了证据之后再主动联系媒体，让媒体为自己说话，必要的时候再让消费者为自己说话，但尽量自己不要在事件还未明朗、大众存在误解的时候去发声。

思考与练习

一、分组实训

任务单

<table>
<tr><td>任务名称</td><td>消费心理及行为与促销策略实训</td><td>组长</td><td colspan="2"></td><td>组员</td><td></td></tr>
<tr><td>任务描述</td><td colspan="6">根据产品特点和消费者的购买心理，分组设计出经营者的促销策略</td></tr>
<tr><td>任务准备</td><td colspan="6">1. 组长带领组员复习本模块
2. 每个小组根据产品的特点、消费者的购买心理，至少设计出一种促销方式，并记录下来</td></tr>
<tr><td>任务实施</td><td colspan="6">1. 建议 4～8 人为一个小组，选择一个具体产品，开展跟踪调查
2. 为期两周，选取某企业产品进行调查，看看企业采用了哪些促销策略去影响消费者心理及行为
3. 分组陈述、交流，列出影响消费者心理及行为的相关促销策略</td></tr>
<tr><td>任务记录</td><td colspan="6"></td></tr>
<tr><td rowspan="3">任务评价</td><td>评价项目</td><td colspan="5">消费心理及行为与促销策略实训</td></tr>
<tr><td>评价指标</td><td>正确恰当（6分）</td><td>较为准确（5分）</td><td>能够完成（3分）</td><td colspan="2">需要帮助（2分）</td></tr>
<tr><td>评价</td><td></td><td></td><td></td><td colspan="2"></td></tr>
</table>

二、案例分析

当下，新兴中产阶级正在成为社会的消费主体，他们倡导健康、重视个人成长、注重品位和外在形象，愿意为“符合自己当下或向往中的生活方式”的品牌买单。并且在审美形式上，更加偏好现代主义的设计风格。商家如果能留意消费者的变化，跟上时代的步伐，便能在竞争中取胜。

“喜茶”宣称自己是第一个不加粉末的奶茶品牌，通过大店运营模式和“米其林三星出品标准”与传统的奶茶品牌实现区隔，从根本上颠覆了消费者对奶茶的印象，引发消费者交口称赞和奔走相告。“喜茶”的产品包装和店内布置以及微信公众号上的图文排版都体现出文艺、悦己、清新的风格，正与当下主流消费者的人格特征和审美风格相吻合。

“喜茶”卖的不仅是茶，它把产品形象、包装设计、空间摆设等都作为了现代艺术新审美传播的元素。店铺每月都会围绕一个主题在线下门店举办一场主题沙龙和艺术展览会，吸引来自各行各业的文艺青年，目的就是打造一场以茶文化为介质的“现实版的朋友圈”，让消费者在店内可以很自然、很方便地拍出好看的照片发在社交网络上，以获得更大的心理满足感和认同感。

消费者把“喜茶”这样的店铺称为网红店铺，羊群效应随着社会化媒体的传播逐渐加剧并最终形成一种现象。这些店铺通过群体中的部分 KOL（意见领袖）和大 V（重要人物）发掘并传播，并通过排队现象彰显品牌的影响力，从而使品牌成为“人尽皆知”的消费趋势。

请阅读案例，根据本模块所学知识回答下列问题：

1. 案例中的羊群效应指的是什么心理现象？

2. 分析消费者面对“喜茶”营销策略时的心理？

3. 这些促销策略是否行之有效呢？给你什么启示？

三、拓展训练

利用课余时间安排外出市场调查，看看哪些产品使用了以下的营业推广策略。根据调查结果填写表 6—9。

表 6—9　调查表

营业推广策略	产品名称
产品陈列和现场表演	
产品展销	
样品赠送	
包装	
优惠券	
交易推广	

模块七 消费心理及行为与销售服务

学习目标

1. 了解销售服务的概念和种类
2. 了解销售服务的原则和作用
3. 掌握售前、售中及售后服务的心理策略和方法
4. 熟知影响消费者心理的销售服务因素
5. 能针对消费者心理采取相应的销售服务策略和方法

课题 1　了解销售服务的作用

案例导入：

晚上 9 点，一飞打算关门下班，这时进来一位中年女士，一飞赶紧走到顾客的面前，说道：“您好，欢迎光临，有什么我能为您服务的？”

“我想买一台手机，我先生的手机坏了，他明天赶着出差，现在还在加班，没时间来买。”顾客说。

一飞微笑地对她说：“没关系，您别着急，请坐，不知道您先生对手机的要求是什么，大概要多少价位的呢？”

顾客说：“他平时就是接打电话多，而且每个电话时间都不短，就希望要一个耐用的，不要那么快没电的手机。对于其他要求倒是不多，价钱不要太贵就行。”

一飞指着柜台里面的几台机子，耐心地说：“您看，这几款都是最近主打长续航的手机，价格都不贵。如果您先生还有阅读需求，可以看看这款大屏的，不过会相对耗电一点。这款小屏的更省电耐用，但是除了接打电话以外其他操作会稍有不便，您看看，慢慢选。”

在一飞的耐心指引和服务下，顾客终于买到了一款符合她先生需求的手机，离开的时候已经是接近晚上 10 点了。一飞还贴心地把顾客送下楼，为她打了一辆出租车。上车前，顾客十分感激地对一飞说：“小伙子，非常感谢，如果每个人做生意都像你这样，那该多好。谢谢！”

请思考并回答以下问题：

1. 你身边有哪些销售服务做得不错的商家，可以列举几家吗？
2. 一飞对顾客的服务是否到位，都做到了哪些方面的销售服务？
3. 如果你是一飞，你会做得比他更好吗？为什么？

一、销售服务的概念

销售服务属于产品的延伸和附加，是为了保证消费者所购产品的实际效用，全面了解消费者要求和质量信息而进行的一系列服务工作。它是以消费者为中心的现代市场营销观念最直接的体现。随着产品整体概念的发展和扩大，销售服务的意义和作用也日益突出。

二、销售服务的种类

随着科学技术的不断进步和消费者需求的发展，销售服务工作也日益加强。销售服务的内容十分繁多，根据经营过程划分，有售前服务、售中服务和售后服务；根据服务活动方式划分，有定点服务和流动服务；根据是否收费划分，有收费服务和免费服务。本模块主要介绍售前服务、售中服务、售后服务和消费者心理及行为的关系。

三、销售服务的作用

消费者所购买的不是产品，而是期望，他们不仅仅要获得实体产品，更多的是要在获得实体产品的同时获得心理满足。根据研究，91%的消费者会避开服务质量差的企业，其中 80%的消费者会另找其他方面差不多，但服务更好的企业，20%的人宁愿为获得高质量的服务而多花钱。

1. 销售服务是为了更好地满足消费者的需求

销售服务是产品的重要组成因素之一。产品的整体概念既包括提供能满足消费者使用要求的物质因素，又包括保证使用可靠性和信任感等非物质因素。消费者使用产品所得到的效用和利益及其满足程度，是通过产品的物质因素和非物质因素两部分体现出来的。可见，销售服务并不是产品中可有可无的部分，也不是产品销售中的附加工作，而是产品中的“软件”，是产品的延伸和销售的继续，是全面满足消费者需求的重要保障。

2. 销售服务是增强企业竞争能力的手段

销售服务与产品质量、价格一样，是构成产品竞争能力的要求之一。如果说品种是产品竞争能力的前提或基础，质量是产品竞争能力的源泉，价格是产品竞争能力的核心，那么，销售服务则是产品竞争能力的保证。企业在市场营销中，必须采用多种形式，为消费者提供多方面的优质服务，这样，才能增强企业的信誉，扩大销售。有人说："第一件产品是靠广告推销出去的，第二件产品则是靠服务争取来的。"因此，在激烈的市场竞争中，有些企业将销售服务视为求得企业生存和发展的重要手段，提出"以服务取胜"的口号，取代传统的"以廉取胜"。

3. 销售服务是提升企业信誉，增加销售量的手段

随着"以消费者需求为中心"的现代市场营销观念的确立和发展，更多的企业日益重视满足消费者的需求。而做好销售服务不仅能保证企业实现这一目标，更重要的是通过完善的销售服务，能不断提高企业的信誉，增强消费者对企业的信任，由此对企业的产品产生好感与偏爱，促进企业销售量的提高。相反，企业如果再实行传统的"货物出门，概不负责"那一套经营作风，不仅会损害消费者的经济利益，最终也会损害企业自身的信誉和产品销路，从而影响企业的经济效益。

4. 销售服务能促进企业不断提高产品质量和改善经营管理

生产和消费之间是互相依存、互为条件的。通过销售服务可密切供求关系，直接倾听消费者意见，有利于企业及时改进产品，不断调整营销策略，改善经营管理水平。例如，维修人员发现海尔销往东北农村地区的洗衣机返修率比较高，经过调查发现原来是当地人用它洗地瓜，这显然是消费者不当使用造成的。不少企业面对此问题，会告诉消费者洗衣机是洗衣服的，不是洗地瓜的。有些态度较好的企业在为消费者修好洗衣机后，会好心地劝消费者以后不要再洗地瓜，否则修理费用自理。海尔的销售人员却按照不同的思路思考：消费者为什么要用洗衣机来洗地瓜，说明消费者有洗地瓜的需求，既然如此，那么我们为什么不能开发既能洗衣服，又能洗地瓜的洗衣机呢？按照这一思路，海尔开发出了既能洗衣服又能洗地瓜的两用"地瓜洗衣机"，结果大受当地用户的欢迎，产品十分畅销。

课题 2　做好售前、售中、售后服务的心理策略

案例导入：

某超市新开业，在电视里打了广告，说明周末商场搞促销活动，还派发了大量广告宣传单，上面有很多优惠促销的产品。看到了那么多美味的零食、时尚的衣饰、流行的包包打折销售的信息，玉菲心动了。星期六，玉菲便拉着珊珊去购物。新超市很大，于是，便有了以下事件：

玉菲打算买些奶粉，可是转了几圈也没找到专卖柜台，她左顾右盼也找不到导购人员，后来抓住一个搬运货物的店员询问，店员同样茫然，后咨询同事总算帮忙找到了，原来奶粉柜台的入口处摆放的是风马牛不相及的特价零食。

在食品区，玉菲迎面遇到了一位女导购员，便直接问她有没有某品牌的饼干，她思索半天回答："没有！"打算离开的玉菲却在路上赫然看见了正寻找的饼干，还不少呢，有好几种口味的，导购员见状不好意思地说："我刚来……"

在保鲜加工食品柜台，玉菲看见了她最爱吃的袋装麻辣豆腐干，便随口问了一句："什么时候生产的啊？"一个导购员看看包装袋说道："3 月 22 号的。"对数字不敏感的玉菲计算半天才算出来已经十天了，忍不住多问了一句："保质期是多长时间啊？"导购员毫不犹豫地说："早着呢，一个月！"玉菲动心了，说："那给我来点儿！"她麻利地称了一斤，玉菲拎起来闻闻，觉得味道不正，便说："你把包装袋给我看看。"一看，这个豆腐干哪里是 3 月 22 日生产的啊，明明是 3 月 2 日！保质期也不是导购员所说的一个月，而是 15 天！也就是说，半个月前，这个东西就已经过期了！

最为离谱的事发生在最后：玉菲和珊珊拎着大包小包在收银台付款，因为买奶粉有厂家赠品，导购员要收回购物小票给厂家报账，付完钱后玉菲留了个心眼，没有像以往那样把小票一塞了事，而是快速浏览了一遍清单，却不经意地发现某产品是10元，而玉菲清楚地记得那是在特惠5.9元的特价柜台上拿的，玉菲心里犯起了嘀咕。收银员去柜台查看后告诉玉菲："这不是特价产品，可能是某消费者拿上后，又看到了特价产品，便把它放到了特价柜台上。"这东西别的地方也就卖7、8元，所以玉菲便说："那我不要了。"收银员让玉菲去服务台处理。在工作人员质疑的眼光下，玉菲和珊珊对来龙去脉做详尽解释并经核实后，工作人员告诉玉菲："东西退可以，钱不能退，你只能再到超市里去购买10元的产品。"还理直气壮地强调说："我们超市从来都是这样！"玉菲要求见经理，工作人员答道："这就是我们经理说的！"

请思考并回答以下问题：

1. 你身边有哪些商场、超市，你常去哪几家呢?

2. 玉菲去超市购物前获得的广告和宣传单信息是属于何种销售服务?

3. 玉菲为什么开头找不到奶粉和饼干，对此超市负有责任吗?

4. 发现超市出售过期食品，消费者可以采取什么行动应对?

5. 玉菲结账后要求退款，超市以"货物售出，概不退款"为由拒绝合理吗?

一、售前服务的心理策略和方法

售前服务是把服务工作做在产品或服务的销售之前，通过一系列的售前服务活动让消费者更多地了解产品或服务，从而帮助他们进行选择。同时，售前服务还可以帮助销售人员了解消费者的需求，从而使销售人员能为他们提供合适的解决方案。

消费者由于需要而产生购买动机，这种动机受时空、情景等内部、外部因素制约，存在着不同的心理取向，具体见表 7—1。

表 7—1 售前消费者心理分析

售前消费者心理	行为体现
消费者的期望值	随着经济的发展，消费者对产品的期望越来越高，同时包括心理和物质的期望
消费者认知产品的欲望	消费者关注产品的信息，包括规格、性能、价格、售后等
消费者的价值取向和审美情趣	人们的价值取向和审美情趣往往存在着社区消费趋同的现象
消费者的自我意识	消费者希望在购买产品的过程中实现自我价值

售前服务有机地将消费者与企业的技术部门联系起来。因此，售前服务是产品或服务销售中的一个重要环节。一般而言，售前服务工作可从以下几个方面进行。

1. 了解消费者的需求

企业要了解消费者的需求，并通过满足消费者的需求来实现自己的目标。那么，消费者有哪些需求呢？企业怎样才能了解消费者的需求呢？没有调查就没有发言权。企业可以以座谈会的方式邀请或访问消费者，或是以电话或问卷的方式对消费者进行询问和问卷调查，以即时了解和发现消费者新的需求和新的消费倾向。

2. 设计产品或服务

通过市场调查，企业了解到消费者的需求，并将其反馈给企业的研发部门。企业的研发部门了解到消费者的需求及其变化后就可以科学准确地确定企业新开发产品的档次、功能以及具有代表性的、有价值的性能指标。这样，企业设计和生产的产品或服务就能够有效满足市场的需求，吸引消费者购买，从而实现自己的目标。

3. 生产产品或提供服务

通过市场调查并且设计了满足消费者需要的产品，企业接下来就要生产能够满足消费者需要的相应产品。企业生产的产品质量必须优良，因为劣质产品根本谈不上为消费者服务。如果是服务企业，还应该为提供服务进行一些必要的准备，如提前购置设备、对服务场所进行布置等。

4. 发布产品或服务信息

企业要根据生产的产品或准备提供的服务特点，选择适当的媒介向公众进行发布，使潜在消费者了解企业相关产品或服务的信息。如果是服务企业，还应该从多个方面和渠道进行服务的有形展示，使无形的服务变得“有形”，从而吸引消费者使用本企业提供的服务。

5. 增强消费者购买信念

企业在产品宣传推广过程中，应当针对消费者关注的产品属性，通过目标消费者收集信息的渠道，着力宣传产品特点及企业的营销服务，消除消费者疑虑，增强消费者购买信念。

6. 提供缺货代购服务

一般而言，企业比消费者掌握的产品信息要多，企业应随时为消费者提供代购服务。为了做好这项服务工作，企业可以建立一定的代购服务制度，例如缺货登记，将消费者需要购买而本企业又暂时没有的产品登记下来，由企业代替消费者购买。这不仅方便了消费者，而且可以为企业赢得良好的声誉。同时，对于企业来说，这也是了解消费者需求的一种途径。

二、售中服务的心理策略和方法

售中服务是指企业在产品或服务的销售过程中为消费者提供的服务。

做好售中服务，要求销售人员必须掌握消费者在购买过程中的心理活动，以提供有效的服务，让消费者高兴而来，满意而归。消费者在接受售中服务过程中，有以下期望：一是希望获取详尽信息，二是希望寻求决策帮助，三是希望受到热情接待与尊敬，四是追求方便、快捷。

一般而言，企业的售中服务工作可以从以下几个方面进行。

1. 为消费者介绍产品

销售人员应热情地为消费者介绍产品，详细说明产品使用方法，耐心地帮助消费者挑选产品，解答消费者提出的问题等。

2. 现场演示

很多消费者在购买产品时很可能以前没有使用过此类产品，也有消费者虽然使用过此类产品，但没有使用过本款产品，而本款产品与别的产品又有所不同。此时，为使消费者能够熟悉并顺利地使用本款产品，销售人员应为消费者当场演示如何使用本款产品，并回答消费者的问题。当然，让消费者在销售人员的指导之下操作一遍，借此提高演示的效果，更有利于交易的达成。

3. 为消费者开箱验货

对那些用箱子及其他不透明包装物包装的、消费者不能直接看到的产品，销售人员应主动为消费者开箱验货，并按生产商提供的清单帮助消费者清点包装物的物品。在消费者确认没有缺少、没有损坏的情况下方可重新为其将所有物品包装好。这样做不仅可以使消费者买得放心，也可以使企业避免因以后可能发生的质量问题而受影响。

4. 为消费者提供刷卡或扫码消费、分期付款及融资服务

对喜欢使用移动支付方式或现金不足的消费者提供刷卡、扫码消费服务，对于某些大件产品，如汽车、商品房等，有些消费者可能不能一次性支付全部货款，此时，企业应与银行合作为其提供分期付款及融资信贷服务，促进其购买行为的实现，这样，既使消费者的购买愿望得到了满足，同时，企业和银行也达到了自己的营利目的。

5. 免费送货服务

对一些体积和重量较大的产品，如冰箱、空调等，消费者一般不能自行将产品搬运回家，此时，企业应安排配送人员为消费者送货。这样做一方面可以为企业提升竞争力，另一方面受惠的消费者也会心存感激，增强对企业的好感。

6. 免费技术支持

对一些技术含量较高的产品，如计算机、智能家居等，消费者因为缺乏相应的技术和工具，没有能力将产品在使用前自行进行安装。在这种情况下，企业应为消费者提供上门安装、调试服务。

三、售后服务的心理策略和方法

消费者在进行购买以后，无论是要求退换产品，还是询问使用方法，或是要求维修等，都属于售后服务的范围，消费者的售后心理状态主要表现在求助心理、评价心理、试探心理和退换心理几个方面。

售后服务是指生产企业或经销商把产品或服务销售给消费者之后，为消费者提供的一系列服务。售后服务质量的好坏直接关系到消费者能否有效地使用产品或服务及消费者能否重复购买产品。一般来说，售后服务工作可以从以下几个方面进行。

1. 建立消费者档案

企业建立消费者档案不仅便于以后上门拜访、打电话、寄贺年片等形式的回访，与消费者保持长期的联络，提高消费者的重复购买率，而且可以借以了解消费者需求的变化，从而可以更好地设计和生产产品，满足市场需求，实现企业的目标。因售出 13 000 多辆汽车创造了产品销售最高纪录而被载入吉尼斯世界纪录大全的美国著名汽车推销员乔·吉拉德说："在建立自己的卡片档案时，你要记下有关消费者和潜在消费者的所有资料，他们的孩子、嗜好、学历、职务、成就、旅行过的地方、年龄、文化背景及其他任何与他们有关的事情，这些都是有用的推销情报。所有这些资料都可以帮助你接近消费者，使你能够有效地跟消费者讨论问题，谈论他们自己感兴趣的话题，有了这些材料，你就会知道他们喜欢什么，不喜欢什么。你可以让他们高谈阔论，兴高采烈，手舞足蹈，只要你有办法使消费者心情舒畅，他们不会让你大失所望。"

2. 及时回访消费者

在消费者购买产品或服务后，企业要及时对消费者进行电话或信函回访。这样做一方面可以监督本企业销售人员和为消费者服务的其他人员的工作，另一方面可以了解消费者在使用本企业的产品或服务后的感受和建议，便于日后进行改进。

3. 预约上门服务

对使用产品遇到困难的消费者，企业可根据消费者的需要安排上门服务，为消费者排除使用过程中碰到的问题。当然，企业如果对已经售出的产品进行例行检查服务时，也可以根据消费者的实际情况实施预约上门服务。

4. 对产品实行"三包"

企业应按国家规定对产品实行"三包（包修、包换、包退）"，或者自行与消费者约定"三包"内容。

5. 妥善处理消费者的投诉

尽管企业和销售人员一心想将各项服务做得尽善尽美，但百密一疏，有时仍难免会出现一些问题而遭遇消费者投诉。一方面，企业和销售人员应尽可能地减少这种情况的发生；另一方面，在遇到消费者投诉时要运用技巧妥善处理，使消费者由不满意转变为满意。

课题 3　应对消费者异议的心理策略

案例导入：

这一天，玉菲到一个购物广场购买化妆品。在收银台付完款准备离开时，一边的警报器突然响起，闻声而来的防损员跑过来，从玉菲手中夺过她的挎包进行搜查。后经防损员检查，原来是收银员失误，没将一瓶化妆水消磁而引发报警器鸣响。当时围观的人很多，玉菲羞辱交加，扔下已买单的产品气愤地跑出了商场。

当天下午，商场接到玉菲哥哥华海打来的投诉电话，要求商场对早晨的事件作出合理解释，并要求就此误会对其妹妹赔付精神损失赔偿费。

请思考并回答以下问题：

1. 你是否有在商场、超市遭遇过购物冲突？

2. 玉菲这次遇到的事件属于什么类型的冲突？

3. 如果你是商场经理，你将会如何应对这次事件？

任何一笔交易的达成都不是一帆风顺的，客户总会提出各种各样的意见。据美国百科全书统计，平均每达成一笔生意就会遭遇 179 次异议。可见，消费者异议是非常常见的现象。

一、消费者异议的概念和种类

消费者异议是指消费者对产品、销售人员、销售方式和交易条件发出怀疑、抱怨，提出否定或反对意见。

从销售服务的角度，我们可以把消费者异议分成售前异议、售中异议和售后异议三种。

1. 售前异议

售前异议主要来自消费者本身，包括以下几个方面：

（1）消费者的需求

需求是消费者产生购买行为的根本动力，也是形成异议的最基本原因。

（2）消费者的认知

有时候消费者没有认识到自己的需求，如很多年轻人因为年轻，身体健康，会认为自己不需要购买保险，或者因为消费者缺乏产品知识，对产品的功能、规格、用途一无所知，而对产品产生异议，这一点尤其容易出现在新产品上。

（3）消费者的购买习惯

消费者作为一个有独立思考和行为能力的人，对购买行为有着自己独特的见解。当消费者对某些产品或品牌具有偏好或成见，而又不愿意改变他们本身的购买习惯时，就会提出异议。

（4）消费者的购买权力

有些消费者可能会对产品产生兴趣，但由于他们不是家庭或组织的决策者，无权决定购买何种产品，在这种情况下，消费者就会提出权力异议。

（5）消费者的支付能力

有无支付能力是消费者能否达成购买的重要因素，也是交易实现的保证。如果消费者缺乏支付能力，将有可能从各方面对产品提出异议。

2. 售中异议

售中异议一般来自产品或企业方面：

（1）产品价格

美国一项调查显示，有 75.1% 的销售人员在销售过程中遇到过有价格异议的消费者。消费者往往因为这些原因提出价格异议：主观认为价格太高，物非所值；希望通过价格异议达到其他目的，如降价、增加服务等；消费者无购买能力。

（2）产品的品牌和包装

产品的品牌和包装都是产品的重要组成部分，如果消费者对这些产生不满，也会引起异议。一般来说，消费者在名牌产品和包装精巧、大方、美观的产品上因为品牌和包装而产生的异议相对会比较少。

（3）购买环境

在消费者的购买过程中，会受到多种因素的影响，其中购买环境起着相当重要的作用，如光线、温度、卫生、人潮等，都有可能影响消费者的购买决策，也有可能让消费者产生异议。

（4）购买信息

营销活动中如果向消费者传递信息的方式欠妥、表达不力，消费者可能会因为购买信息不足而产生异议。如销售人员对产品不熟悉，刻意抬高自身产品，贬低竞争对手等行为，都是产生售中异议的原因。

3. 售后异议

售后异议一般来自以下方面：

（1）质量异议

在产品使用过程中，因为产品质量带来的投诉占了售后异议的绝大多数。有时候不一定是产品质量出了问题，有可能是消费者使用不当，或是使用环境不适合，但是消费者往往会把这些因素都归结为产品质量问题进行投诉。

（2）服务异议

服务异议主要包括对企业各类人员的服务质量、服务态度、服务方式、服务技巧等方面提出的不满和抱怨。消费者希望服务人员可以更专业化，因为消费者需要一个真正肯为其用心解决问题的人，希望整个解决问题的过程可以更正规化、专业化。

（3）效率异议

消费者希望自己的一切诉求都能迅速且彻底的反应，而不是被拖延或沉默对待。消费者最希望听到的话是“我会优先考虑处理您的问题”或“如果我无法立刻解决您的问题，我会告诉您我处理的步骤和时间”。

二、处理消费者异议的原则

1. 做好预测，提前准备

在营销活动前，销售人员要充分估计消费者可能提出异议的原因和方向，提前准备，做到心中有数。这样即使异议出现，也能从容应对。事前无准备，或估计过于乐观的话，可能会不知所措。万一在处理异议的时候消费者无法得到满意的答复，营销将会无比困难。因此，良好的准备工作有助于减少消费者异议带来的负面影响。

不少企业对员工培训的时候专门开辟一个“异议应对”的专题，甚至专将异议可能发生的场景、应答的话语等内容编织成小册子发给员工，以供随时翻阅，正是为了让员工在面对消费者异议的时候能有所准备。

2. 选好时机，恰当处理

调查显示，优秀的销售人员遭遇消费者严重反对的机会仅仅是普通销售人员的十分之一，究其原因，在于优秀的销售人员在遇到异议的时候，往往能选择恰当的时机提供让消费者满意的答复。选择恰当的时机回答异议，在消除异议负面性上能起到十分积极的作用。恰当的时机，通常包括即时处理和推迟处理两种。

即时处理异议，指的是在消费者提出异议后，销售人员马上回答，予以处理。大多数情况下，即时处理是处理异议的最佳时机，这样不但能立刻消除障碍，还能增强消费者购买的信心。

课堂训练

即时处理异议，在促成交易中有哪些正面的作用？

推迟处理异议，指的是有些异议在特定的情况下不适合立刻处理，需要销售人员拖延一下，等待最佳回复时机。

课堂训练

推迟处理异议与即时处理异议的区别在哪里？

3. 耐心倾听，感同身受

倾听是一项十分优秀的品质，在营销活动中尤其如此。在营销过程的初始阶段，倾听的重要性远远大于交谈。倾听有助于清楚消费者的需求、异议，不仅可以有的放矢，针对性地提出解决方法和建议，还能给消费者留下重视消费者意见的良好印象。

除此以外，还要注意在解决异议的过程中，切忌与消费者争辩。消费者的异议可能有各方面的原因，有些甚至是毫无道理的，但无论如何，都不要与消费者争辩。尊重对方，和气开导，这样才能增加信息的传递数量，提高信息传递质量，让营销工作顺利进行。

一般来说，消费者提出异议是正常的。销售人员对异议应该诚恳欢迎，虚心接受，引导消费者从产品的优点方面考虑问题，让消费者更容易接受产品。

三、处理消费者异议的方法

1. 转化处理法

转化处理法是销售人员把消费者异议中的正确观点作为自己的观点，来说服消费者、扫清障碍的方法。消费者的异议有正确的，也有错误的。转化处理法就是利用消费者异议的矛盾，把消费者异议变成劝说消费者购买的理由。

示例 1:

消费者：怎么又涨价了？

销售人员：您说的对，因为原材料价格一直上涨，如果现在不买，估计过一段时间还要继续涨。

示例 2:

消费者：这种不锈钢盘子太轻了。

销售人员：这种盘子的优点就是轻便、坚固，非常适合女性用户，用起来极为方便。

转化处理法的优点在于:

（1）温和式策略，正视消费者异议，没有回避矛盾，能很自然地转化消费者异议，容易获得消费者信任。

（2）改变消费者异议性质，营造良好的沟通氛围。

（3）有利于达成交易。

但是，使用转化处理法的时候一定要注意在分析、判断的基础上，尽量讲究礼仪，不能伤害消费者感情。因为这是直接利用消费者的异议进行转化处理，有可能让消费者产生一种被利用、愚弄的感觉，甚至引发消费者的反感，也有可能让消费者因为失望而提出更难解决的异议。

2. 补偿处理法

补偿处理法是指销售人员利用消费者异议以外的优点或利益，来补偿或抵消消费者异议的一种处理方法。

在购买活动中，消费者总希望产品是十全十美的。但是没有产品是完美的，甚至营销活动本身也会存在疏忽和不足之处。如果销售人员能辩证地看待问题，尊重事实，不回避消费者提出的异议，并充分证明产品虽然有缺点，但是优点更多，利用优点来补偿甚至抵消缺点，就有利于消费者的心理达到一定程度的平衡，从而作出购买决策。

示例 1:

消费者：这车的车身太短了。

销售人员：车身短能让您停车更方便，现在车位紧缺，稍微大一点的地方，别人停一辆，您能停两辆。

示例 2:

消费者：这个手机真好，设计也不错，就是太大了。

销售人员：确实是大，但是屏幕也大，让您看着更舒服，玩着更爽。

补偿处理法的优点在于:

（1）承认产品不足，给消费者真诚、客观、可供信赖的感受，利于促成交易。

（2）保持良好的洽谈气氛，建立友好关系。

但是，这个方法也有一定缺点：销售人员肯定消费者异议，可能会让消费者误会其默认产品缺点，增加劝说难度，甚至助长消费者对异议的坚持，让消费者失去购买信心。

3. 询问处理法

询问处理法也叫提问处理法，是指销售人员通过对消费者异议提出疑问，来处理消费者异议的一种方法。在实际的营销活动中，消费者的异议有时候具有不确定性，令销售人员很难分析、判断异议的性质和真实原因，为排除异议增加困难。

示例:

消费者：你的产品是不错，不过我现在还不想买。

销售人员：先生，既然产品很好，您为什么现在不买呢?

消费者：虽然不错，可是它不值这个价啊！

销售人员：那您说说什么价格比较适合？

消费者：反正太贵，我们买不起。

销售人员：先生，您看，如果连您都买不起，我都不知道谁能买得起了。要不，您开个价？

询问处理法可以让销售人员充分获取消费者信息，为进一步促成交易创造条件。带有请教意味的询问会让消费者感受到尊重和重视，从而愿意配合销售人员的工作。但是，这种方法一旦运用不当，可能会引起消费者产生更多异议，破坏洽谈气氛，阻碍工作进行。

4. 委婉处理法

销售人员在没考虑好如何应对消费者异议的时候，不妨先用委婉的语气把对方的异议重复一遍，这样有助于削弱对方气势。有时候，转换一种说法会让问题变得容易解决。但是，这只能减弱而不能改变消费者的看法，否则消费者会误会销售人员是在故意曲解其意见而产生不满。因此，销售人员不妨在复述之后再问一下“这样的说法确切吗？”然后再继续下文，以求得到消费者的认可。

5. 合并意见法

合并意见法是将消费者的几种意见汇总成一个意见，或者把消费者的反对意见集中在一个时间讨论。总之，要起到削弱反对意见对消费者产生的影响的作用。但要注意不要在一个反对意见上纠缠不清，因为人们的思维有连带性，往往会由一个意见派生出许多反对意见。正确的做法是在回答了消费者的反对意见后马上把话题转移开。

6. 反驳法

反驳法是指销售人员根据事实直接否定消费者异议的处理方法。理论上讲，这种方法应该尽量避免。直接反驳对方容易使气氛僵化而不友好，使消费者产生敌对心理，不利于消费者接纳销售人员的意见。但如果消费者的反对意见是产生于对产品的误解，而销售人员手头上的资料可以帮助说明问题时，则不妨直言不讳。但要注意态度一定要友好而温和，最好是引经据典，这样才有说服力，同时又可以让消费者感到销售人员的信心，从而增强消费者对产品的信心。反驳法的不足之处在于容易增加消费者的心理压力，伤害消费者的自尊心和自信心，不利于成交。

课堂训练

一飞的回答分别属于哪种异议处理方法，填写到括号里：

消费者：你这款手机也太贵了，我买另一个牌子能便宜很多。

一飞点点头，请消费者继续发表意见。(   )

消费者：买这个多花 800 块，我都能再买个低端机了。

一飞：您主要觉得价格难以接受，是吗？(   ) 如果是我，我也会觉得这个贵一点，(   ) 但是，多花几百块钱，能获得更好的体验，您每天花在手机上的时间可不少，可以考虑对自己好一点……(   )

思考与练习

一、分组实训

任务单

任务名称	消费心理及行为与销售服务实训	组长		组员	
任务描述	分组商量、选定产品，根据消费者心理制定相应销售服务策略				
任务准备	1. 组长带领组员复习本模块知识 2. 每小组列出最重要的几种销售服务				
任务实施	1. 建议 4～8 人为一个小组，商量、选定产品 2. 分组陈述、交流，列出各种常见的销售服务种类 3. 根据讨论结果，制定相应销售服务对策				
任务记录					

续表

任务评价	评价项目	消费心理及行为与销售服务实训			
	评价指标	正确恰当（6分）	较为准确（5分）	能够完成（3分）	需要帮助（2分）
	评价				

二、案例分析

2018年年初，在英国伦敦市南的一条大街上，新开张了一家叫“罗毕”的鞋店。鞋子的款式丰富，质量也不错，但是这条街上的鞋店实在太多，同质化现象严重，竞争非常激烈，因此这家鞋店的生意一直平平淡淡。6月的一天，店里进来两位时尚女性，她们挑了一双又一双的鞋，试穿了一次又一次，最后终于买了一双。付款的时候，只听买鞋的消费者对同伴说：“今天购物真是累死了，一次一次地脱鞋，又烦又累。”店老板心想，既然许多消费者在选购鞋子时，常抱怨换鞋太麻烦，若能让消费者赤脚进店就少了不必要的麻烦，消费者购物就会轻松很多。但如何能让消费者自觉自愿赤脚进店呢？放上许多拖鞋？肯定不行，仅仅一双拖鞋是不可能让消费者自觉地脱鞋的。那该怎么做呢？

后来，店老板从一些重要场所铺的红地毯中得到了启发。他决定在店内铺上名贵地毯，消费者定会乐意赤脚在名贵地毯上行走。铺好地毯后，他将店名改为“赤脚鞋店”，又在门口设置鞋架。做好这些后，他召集所有员工，郑重地宣布：消费者脱鞋进店后，由员工代为擦鞋。然后，老板在门口贴出一份告示：店内铺有名贵地毯，消费者可脱鞋进店购物，并由本店代为擦鞋。此公告公布后，许多消费者慕名而来。消费者进店后感觉既随便又亲切，而且还有人给擦鞋，结果销售额大增。

根据本模块所学知识回答下列问题：

1. 为何开在繁华闹市中的鞋店，生意却平平淡淡呢？产品质量好，款式多就一定畅销吗？

2. 为了让消费者脱鞋进店还可以采用什么办法？

3. 如果你是鞋店的老板，你有什么方法来吸引更多的消费者呢？

三、拓展训练

请在教师的指导下，利用课余时间分组调查各品牌的销售服务，根据调查结果填写表 7—2。

表 7—2　　调查表

	售前服务	售中服务	售后服务
品牌 1（ ）			
品牌 2（ ）			
品牌 3（ ）			
品牌 4（ ）			
品牌 5（ ）			